Friedrich Wilhelm Putzger

Historischer Schulatlas zur alten, mittleren und neuen Geschichte

Friedrich Wilhelm Putzger

Historischer Schulatlas zur alten, mittleren und neuen Geschichte

ISBN/EAN: 9783743495913

Hergestellt in Europa, USA, Kanada, Australien, Japan

Cover: Foto ©ninafisch / pixelio.de

Weitere Bücher finden Sie auf **www.hansebooks.com**

F. W. Putzgers

Historischer Schul-Atlas

zur

alten, mittleren und neuen Geschichte

in 67 Haupt- und 71 Nebenkarten.

Herausgegeben von **Alfred Baldamus** und **Ernst Schwabe**.

Ausgeführt in der

Geographischen Anstalt von Velhagen & Klasing in Leipzig.

Zweiundzwanzigste Auflage.

BIELEFELD und LEIPZIG.
VERLAG VON VELHAGEN & KLASING.
1897.

Inhalt.

I.
Zur Geschichte des Altertums.

1. *Palästina.*
   Nebenkarte: Ethnographische Übersicht und Gebiete der 12 Stämme. Palästina zur Zeit der Könige. Jerusalem.
2. *Die alte Welt, westlicher Teil.*
   Nebenkarte: Die griechischen Stämme.
3. *Die alte Welt, östlicher Teil.*
   Nebenkarten: Ethnograph. Übersicht d. alten Welt. Welttafel nach Herodot.
4. *Kleinasien.*
   Griechenland beim Beginne des peloponnesischen Krieges.
   Nebenkarten: Die Küsten der Propontis. Umgegend von Troja.
5. *Reich Alexanders des Grossen.*
   Nebenkarten: Issus. Tyrus. Reiche der Diadochen nach der Schlacht bei Ipsus (301 v. Chr.). Reiche der Diadochen beim Beginne der Kämpfe mit den Römern (um 200 v. Chr.).
6. *Griechenland, nördlicher Teil.*
7. *Griechenland, südlicher Teil.*
   Nebenkarten: Thermopylae. Umgebung von Athen. Olympia. Plataeae.
8. *Rom zur Zeit der Republik.*
   Rom zur Kaiserzeit.
   Athen.
   Nebenkarten: Akropolis. Das republikanische Forum.
9. *Entwickelung des römischen Reiches.*
   Nebenkarten: Umgebung von Rom. Karthago. Alexandria.
10. *Italien, nördlicher Teil.*
11. *Italien, südlicher Teil.*
    Nebenkarten: Kampanien. Cannae. Sizilien. Syrakus.
12. *Europäische Provinzen des römischen Reiches:*
    Gallien, Westgermanien, Südbritannien. Spanien. Untere Donauländer.
    Nebenkarte: Gallien zur Zeit Cäsars.

II.
Zur Geschichte des Mittelalters und der Neuzeit.

13. *Europa am Ende der Völkerwanderung:*
    Europa nach 476. Europa im Jahre 526. Europa nach 568.
    Nebenkarten: Deutschland vor der ersten westgermanischen Wanderung. Deutschland vor der zweiten (der ostgerman.) Wanderung (der Völkerwanderung).
14. *Mitteleuropa zur Zeit der Karolinger.*
    Italien im X. und XI. Jahrhundert.
    Nebenkarten: Reich Karls des Grossen 768 und 814. Vertrag von Mersen 870. Vereinigung Lothringens mit Deutschland. Die Karolingischen Teilreiche 888.
15. *Deutschland zur Zeit der sächsischen und fränkischen Kaiser.*
    Nebenkarten: Machtgebiet des Boleslaw Chrobry. Kirchliche Einteilung Deutschlands vom XI. bis XVI. Jahrhundert.
16. *Mittelmeerländer zur Zeit der Kreuzzüge:*
    Mittelmeerländer zur Zeit des ersten Kreuzzuges.
    Mittelmeerländer nach dem vierten Kreuzzuge.
    Nebenkarten: Reich der Kalifen im Jahre 750. Syrien nach dem ersten Kreuzzuge.
17. *Mittel- u. Westeuropa zur Zeit der Staufer.*
    Nebenkarte: Gebiete der Staufer. Welfen und Askanier.

18. *Deutschland und Oberitalien im XIV. Jahrhundert* (1378).
    Frankreich im XIV. und XV. Jahrhundert.
    Nebenkarte: Die Lande der Eidgenossen.
19. *Deutschland und Oberitalien im XV. Jahrhundert* (1477).
    Rom.
    Nebenkarten: Wettinische Lande 1485. Deutschlands Kreiseinteilung.
20. *Europa im XVI. Jahrhundert* (1559).
21. *Deutschland zur Zeit der Reformation* (1547).
    Nebenkarten: Wettinische Lande 1547 und 1554. Fürstentum Orange.
22. *Deutschland im XVII. Jahrhundert* (1648).
    Nebenkarten: Prag und weisser Berg. Magdeburg. Breitenfeld. Lützen.
23. *Europa im XVII. und XVIII. Jahrhundert* (1740).
24. *Deutschland im XVIII. Jahrhundert* (1786).
    Nebenkarten: Rossbach. Leuthen. Zorndorf. Kunersdorf. Torgau.
25. *Schweden. Russland. Polen. Orientalische Frage:*
    Schwedens grösste Machtentfaltung (1658). Russland 1462—1762. Die Teilungen Polens. Europäische Türkei 1812—1878. Europäische Türkei seit 1878.
26. *Napoleonische Zeit I:*
    Paris beim Ausbruch der Revolution. Oberitalien 1796. Deutschland und Italien 1803. Deutschland und Italien 1806.
27. *Napoleonische Zeit II:*
    Deutschland im Jahre 1812.
    Nebenkarten: Europa 1812. Napoleons Feldzug in Ägypten. Aspern, Essling, Wagram. Napoleons Zug nach Russland.
28. *Deutschland* 1815—1866.
    Italien 1815 *bis zur Gegenwart.*
    Nebenkarten: Europa 1815. Leipzig. Ligny, Quatre Bras, Waterloo, Belle Alliance.
29. *Karte zu den deutschen Einheitskriegen:*
    Königgrätz. Kriegsschauplatz 1870 und 1871. Metz. Sedan. Paris.
30. *Entwickelung Preussens I:*
    Brandenburg-Preussen bis 1806.
    Nebenkarten: Brandenburg zur Zeit des grossen Kurfürsten. Preussen zur Zeit Friedrichs des Grossen.
30a *Entwickelung Preussens II:*
    Preussen seit 1807.
31. *Osmanisches Reich. Nordamerika:*
    Osmanisches Reich bis 1683.
    Nebenkarten: Asiatische Grenze des Osmanischen Reiches vor und nach der Schlacht bei Angora (1402). Konstantinopel.
    Die Ostküste Nordamerikas bis 1763. Die Vereinigten Staaten von Nordamerika seit 1776. Die Vereinigten Staaten zur Zeit des Secessionskrieges.
32. *Das Zeitalter der Entdeckungen.*
    Nebenkarten: Westindien und Mittelamerika. Mexikos Eroberung durch Cortez. Ostindien zur Zeit der portugiesischen Eroberung.

Anhang.

33. *Bayern I:* Bayern 1777.
34. *Bayern II:*
    Bayern zur Zeit Kaiser Ludwigs. Wittelsbachische Lande seit 1507.
    Baden 1771.
    Nebenkarte: Baden seit 1801.
35. *Württemberg* 1789.
    Nebenkarte: Württemberg seit 1495.
36. *Wettinische Lande:*
    Wettinische Lande bis 1485.
    Wettinische Lande 1554—1813.
    Nebenkarten: Die alte Mark Meissen. Die Grafschaften der Wettiner im Schwaben- und Hassegau. Wettinische Lande 1672. Wettinische Lande 1815.
37. *Nordwestdeutschland* 1789.

Zur zweiundzwanzigsten Auflage (1897).

Seit der 19. Auflage sind dem Kartenbestande der vorhergegangenen fünf Auflagen auf 4 Seiten 13 Haupt- und Nebenkarten zur Geschichte Bayerns, Badens, Württembergs und der Wettinischen Lande hinzugefügt. Diese Karten hatten ursprünglich einzeln den für die Schulen des betreffenden Landes bestimmten Exemplaren des Atlas beigegeben werden sollen. Da indes die drei erst genannten, sich gegenseitig ergänzend, ein Bild der Territorialverhältnisse Süddeutschlands beim Beginne der französischen Revolution, d. h. der deutschen Kleinstaaterei jener Tage bieten, und eine solche durch *einen* Blick leicht vermittelteAnschauung gewiss auch ausserhalb jener Länder willkommen ist, so sind alle vier Karten dem Atlas als *Anhang* hinzugefügt. Wir glaubten damit auch der immer wachsenden Bedeutung zu entsprechen, die die neueste Geschichte in den Schulen gewinnt. Freilich waren seitdem die Territorien Süddeutschlands eingehender dargestellt als die Norddeutschlands: um diesen Unterschied auszugleichen, ist schon in der 21. Auflage die Entwicklung Preussens auf zwei Seiten (30 u. 30a) geboten und jetzt für *Nordwestdeutschland*, wo eine ähnliche territoriale Zerrissenheit wie im Süden bestand, eine neue Karte (37) hinzugefügt. Ausserdem bringt diese Auflage neben Verbesserungen der bisherigen Karten (vgl. besonders S. 14, 25, 31, 36) einige neue Nebenkarten (S. 11, 14, 31). Trotzdem aber ist die Benutzung der 8 letzten Auflagen (14 ff.) neben der vorliegenden möglich. — Von den beiden Herausgebern hat Herr Dr. A. *Baldamus* den Atlas seit der 14. Auflage bearbeitet, er bearbeitet jetzt die Karten zur Geschichte des Mittelalters und der Neuzeit; Herr Dr. E. *Schwabe* hat seit der 21. Auflage die zur alten Geschichte übernommen.

Betreffs der für den Atlas, der als Schulbuch natürlich nur die Aufgabe hat der Wissenschaft nachzugehen, benutzten Quellen müssen wir uns unter Verzicht auf Angabe der Buchlitteratur und der älteren Karten (Le Coq, Gilly, Güssefeld, Hammer, Homann, v. Oesfeld, Plater, Rendziny, Roppelt, Schenk, Seutter, Sirisa, Sotzmann u. a.) mit einem allgemeinen Hinweis auf die neueren Karten begnügen. Es sind jetzt und früher benutzt zunächst der in unserem Verlage erschienene Atlas von Droysen, ferner die Atlanten von v. Kampen, Kiepert, Smith-Müller, Schrader, v. Spruner-Menke, v. Spruner-Sieglin, Wolff u. a.; dazu die Karten des corpus inscriptionum atticarum und latinarum, die in Baumeisters Denkmälern und J. Müllers Handbuch (Athen, Rom), die von Beloch (Kampanien), Curtius-Kaupert (Athen, Stadt Athen), Dörpfeld (Olympia), Jordan (Rom), Kiepert (Altertum überhaupt), Napoleon (Gallien), Puchstein (Alexandria in Pauly Realenc.), Schliemann (Troja), Schneider (Rom), Stade (Palaestina); Brecher (Bayern, Sachsen), Dethier (Konstantinopel), Fabricius (Rheinprovinz), Fix (Preussen), Gardiner (England), Hart (Nordamerika), Kämmel-Leipoldt (Sachsen), Kirchner (Elsass-Lothringen), Kirmaier (Bayern), Labarte (Konstantinopel), Longnon (Frankreich), Mees (Niederlande), Merkel (Sachsen), Meyer (Konstantinopel), Overmann (Gräfin Mathilde), Posse (Sachsen), Rau-Ritter (Pfalz), Statist. Bureau (Elsass), Toeppen (Preussen), Voigt (Brandenburg) u. a. Andererseits haben die Herren DDr. Baldamus und Schwabe die Erfahrungen verwertet, die sie ihrer Lehrthätigkeit auf allen Stufen des Gymnasiums verdanken; insbesondere ist auch darauf Bedacht genommen worden, alle in der klassischen Schullektüre vorkommenden Ortsnamen einzutragen. So hoffen wir, dass der Atlas den wissenschaftlichen und pädagogischen Ansprüchen der Schule genügt und für alle Klassen bis zur Prima ausreicht. — Unser Dank gebührt noch einigen Herren für freundliche Mitarbeit; sie ist uns zu teil geworden von Herrn Prof. Dr. Kienitz (Karlsruhe) für Baden (S. 34), Prof. Dr. Dürr (Heilbronn) für Württemberg (S. 35) und Prof. Dr. Wolf für Nordwestdeutschland (S. 37). Ausserdem sind uns auch sonst Verbesserungsvorschläge zugegangen, die dem Atlas an manchen Stellen zugute gekommen sind. Sie einzeln anzuführen ist nicht wohl möglich; doch möchten wir auch an dieser Stelle dafür den herzlichsten Dank aussprechen mit der Bitte, das in solchen Vorschlägen bewiesene Interesse dem Atlas erhalten zu wollen.

Die Verlagshandlung.

Erläuterungen.

Die folgenden Bemerkungen sollen nur dort in möglichster Kürze Erläuterungen geben, wo solche zur Erklärung der angewandten Schriftart, der gewählten Farbe u. dergl. dringend geboten erscheinen; sie wollen nichts sein als eine Ergänzung der Kartenlegende.

S. 2, 3. Um einem Übersichtsblatte der *Alten Welt* einen brauchbaren, die übrigen Karten ergänzenden Inhalt zu geben, war es nötig, mehrere Zeitperioden zu verbinden. Für den *Orient* sind in Farben die vorpersischen Grossreiche eingetragen, wobei natürlich die Grenzen nur als ungefähr zutreffend anzusehen sind. Weiter bietet die Karte die Möglichkeit, die gesamte phönicische und griechische Kolonisation mit einem Blicke zu übersehen. Die durch Unterstreichung als *phönicische* Niederlassungen gekennzeichneten Orte sollen das vorkarthagische Handelsgebiet von Sidon und Tyrus andeuten; aufgenommen sind auch einige Orte, in denen die phönicischen Spuren unsicher sind. Die Entwickelung des Karthagischen Reiches ist in Farben geboten, dabei ist die unsichere Grenze in Spanien nach den Ausführungen Meltzers eingezeichnet; aufgenommen sind in Afrika und Spanien auch die für die punischen Kriege wichtigen Orte (für Hannibals Alpenmarsch vgl. S. 12), in Afrika die für die späteren Kämpfe der Römer bemerkenswerten. Neben den durch Farbe bezeichneten *griechischen* Kolonien im engeren Sinne sind in Haarschrift die hellenistischen Städte eingetragen; das kann unpassend erscheinen, indes wird sich diese Gesamtdarstellung der Ausbreitung griechischer Kultur nach West und Ost doch vielleicht als lehrreich erweisen (wo griechische Kolonien phönicische Unterstreichung haben, bezieht sich diese natürlich auf eine frühere Zeit). In *Italien* soll ein Überblick über die älteste Bevölkerung gegeben werden, dabei sind die wichtigsten Stämme durch Farbe herausgehoben. Bei den Italikern sind Latiner und Umbro-Sabeller geschieden und bei letzteren wieder durch Grenzlinien drei Gruppen gesondert (für die einzelnen Stammnamen vgl. S. 10 und 11). Zwischen Umbrern und Etruskern ist die spätere Grenze angesetzt, aber früheres Übergreifen beider Völker angedeutet; eingetragen sind auch die bedeutendsten Etruskerstädte. — Von den Nebenkarten stellt die eine als Ergänzung der Hauptkarte die Beteiligung der *griechischen Stämme* an der Kolonisation des Ägäischen Meeres dar. Sie soll vornehmlich der griechischen Geschichte bis 494 v. Chr. dienen und an der thracischen Küste dem Zuge des Xerxes. — Die Namen sind hier und auf den übrigen Karten zur alten Geschichte in lateinischer Form gegeben.

Die Karte von *Kleinasien* soll für die S. 4. geschichtlichen Ereignisse von der persischen bis zur römischen Zeit einschliesslich benutzt werden; betreffs der politischen Gestaltung des Landes ist zu vergleichen S. 2, 3, 5, 9. Für den Landschaftsnamen Galatia ist Steinschrift angewandt, die Erklärung dafür ergiebt sich aus der zu der Steinschrift der Städtenamen gemachten Bemerkung der Kartenlegende. — Auf der Karte von *Griechenland* beim Beginne des peloponnesischen Krieges, die auch die für diesen Krieg wichtigen Orte enthält, sind die zum attisch-delischen Seebunde gehörenden Bundesgenossen Athens in Flächenfarbe gegeben (die steuerfreien in mattem Kolorit), die nur für diesen Krieg verbündeten haben Randfarbe; zu letzteren ist auch Cephallenia gezogen, weil es schon im ersten Kriegsjahre für Athen gewonnen wurde.

Auf der Karte des *Reiches Alexanders* S. 5. *d. Gr.* hat Griechenland trotz der macedonischen Oberhoheit besondere Farbe erhalten, weil Alexanders Rechtsstellung zu Griechenland sich doch wesentlich von seiner Stellung in den übrigen Reichsteilen unterschied; zu bemerken ist noch, dass Creta und Sparta auch diese Oberhoheit Alexanders nicht anerkannten. Die einfache Umränderung von Armenien, Cypern und Cyrenaica soll andeuten, dass diese Gebiete von Alexander nicht eigentlich unterworfen waren. — Die erste *Diadochenkarte* kennzeichnet die Satrapien nach dem Tode Alexanders durch punktierte Grenzen und dadurch, dass deren Namen in anderer Schrift als die Landschaftsnamen (vgl. Cilicia u. Catania) erscheinen. Bei Darstellung der Teilung nach der Schlacht von Ipsus haben die unmittelbar unterthänigen Reiche Flächen-, die halb unterworfenen Gebiete (Interessensphären) Randfarben erhalten. Der Verlauf der Grenze in Grossphrygien ist nur als ungefähr richtig anzusehen; angedeutet ist, dass Armenien von Seleucus, Epirus von Cassander abhing, ausserdem ist als unsicher bezeichnet, ob das Reich des Seleucus das des Lysimachus in Catalonien berührte oder nicht. — Die zweite *Diadochenkarte* soll die Lage des Orients beim Beginne der Kämpfe mit Rom veranschaulichen. Wieder sind die Reichsnamen anders geschrieben als die Landschaftsnamen (Vgl. Syria u. Mesopotamia), die seleucidische Randfarbe kennzeichnet bei Armenia und Media Atropatene halbe Abhängigkeit, im Osten das Eroberungsgebiet des Antiochus III; dabei sind die Grenzen hier wie bei dem Arsaciden- und Baktrer-Reiche nur als ungefähr zutreffend anzusehen. Weiss gelassen ist das Gebiet der Galater, weil diese ein fremdes Element in den Diadochenreichen bilden, und das der griechischen Freistaaten, weil deren Verhältnisse sich bei dem kleinen Massstabe nicht darstellen liessen.

S. 8. *Rom* und *Athen* sind auf einem Blatte vereinigt, um sie im gleichen Massstabe einander gegenüberstellen zu können. Für beide ist als Zeitpunkt der Darstellung etwa das Jahr 100 n. Chr. angenommen. Stadtgegenden, Plätze, Gärten, Felder sind in Rotundschrift, Strassen und Häuser in Cursivschrift gegeben (z. B. Prata Quinctia, *Sacra via*). Zur Vergleichung ist der moderne Stadtplan grau untergedruckt. — Hinzugefügt ist *Rom zur Zeit der Republik*, in verkleinertem Massstabe, so dass viele Gebäude, die in der Zeit des Freistaats wichtig waren, entweder durch Ziffer oder Namen in der grösseren Karte zu suchen sind.

S. 9. Neben der *grössten Ausdehnung* bietet diese Karte in Farben ein Bild der allmählichen *Entwickelung des römischen Reiches*. Bei Wahl der Entwickelungsabschnitte ist ausgegangen von der in den Lehrbüchern üblichen Periodenteilung. Von den Farbengrenzen dürfen manche, besonders in Spanien, der Balkanhalbinsel und Kleinasien, als nur annähernd richtig angesehen werden. Die Provinznamen sind gegenüber den Landschaftsnamen durch die Schrift herausgehoben; die Veränderungen der Provinzgrenzen konnten natürlich nicht dargestellt werden. Die Unterscheidung in kaiserliche und senatorische Provinzen wird den bei dieser Teilung geltenden Grundsatz veranschaulichen, der Wechsel in der Zuteilung ist nur bei einigen durch doppelte Unterstreichung berücksichtigt.

Von den beiden Nordgrenzen *Italiens* S. 10, 11. und Etruriens bezieht sich die südliche auf die Zeit vor, die nördliche auf die nach Augustus.

Auf der Karte von *Gallien* haben die S. 12. kaiserlichen Verwaltungsbezirke in den Alpen einfachen roten, die von Augustus zu Italien gezogenen rätischen Alpenlande einfachen blauen Rand erhalten. Völkernamen in Haarschrift (z. B. *Helvetii* am rechten Rheinufer) stehen am alten Wohnsitze ausgewanderter Völker. In den Namensformen etc. ist besonders auf Cäsar Rücksicht genommen. Agri decumates ist, weil allgemein üblich, hier und S. 9 trotz des gegen diese Bezeichnung erhobenen Einwandes beibehalten.*

Dr. E. Schwabe.

Auf den Karten für das *Mittelalter* S. 13–17. sind selbstverständlich manche Grenzen unsicher, für die Schule konnte das aber nicht immer angemerkt werden; die lateinischen und altdeutschen Namen sind durch die beim Unterrichte wohl stets angewandten modernen ersetzt worden.

Bei den Karten der *Völkerwanderung* S. 13.** ist dies indes naturgemäss noch nicht geschehen im Gebiete des oströmischen Reiches und sonst bei einigen römischen Landschaftsnamen. Für das oströmische und die Reste des weströmischen Reiches ist auf der Karte von 476 dieselbe Farbe gewählt, für die einzelnen deutschen Stämme kehrt auf allen dreien die gleiche Farbe wieder. Hingewiesen mag noch werden auf die unter den deutschen Stämmen dadurch getroffene Unterscheidung, dass einige nur mit ihrem Namen, andere mit dem Zusatze „Reich der" verzeichnet sind. Auf der zweiten Karte ist die ostgotische Vormundschaft über die Westgoten durch die Unterstreichung angedeutet; auf der dritten Karte sind die Bajovarier von dem übrigen Frankenreiche wegen ihrer grösseren

---

* Für die Aussprache keltischer Eigennamen merke man: 1. alle Völkernamen auf ones haben ō: Eburónes. 2. alle Städtenamen auf acum haben ā: Moguntiăcum. 3. alle Städtenamen auf magus haben ā: Borbetómāgus. 4. alle Völkernamen auf iges haben 1: Biturīges (vgl. Ambiorix, Ambiorīgis). 5. alle Völkernamen auf ini haben ī: Morīni.

** Es mögen hier die von S. 13 an häufig vorkommenden Abkürzungen erklärt werden: A = Abtei. B., Bm., Btm. = Bistum. Bgft. = Burggrafschaft. F., Fsm. = Fürstentum. G., Gft. = Grafschaft. Gh. = Grossherzogtum. Grfsm. = Grossfürstentum. Gvt. = Gouvernement. H. = Herrschaft. = Hz., Hzm. = Herzogtum. Kgr. = Königreich. Kurf. = Kurfürstentum. Lg., Lgft., Ldgft. = Landgrafschaft. M. = Mark. Mgft. = Markgrafschaft. Pr. = Probstei. R. = Reich. Rep. = Republik. Rst. = Reichsstadt.

— VIII —

Selbständigkeit durch einen farbigen Grenzstrich getrennt, ferner ist hier die Teilung Thüringens und das allmähliche Vorrücken der Avaren in das früher gepidische und langobardische Gebiet angedeutet. Während die beiden Nebenkarten der Vorgeschichte dienen, soll von den Hauptkarten die erste für die Zeit bis 476, im Frankenreiche bis 511 benutzt werden, die zweite bis 553, die dritte bis ca. 600.

S. 14. Die für die Geschichte des *Frankenreiches* vom Emporkommen bis zum Ausgange der *Karolinger* wichtigen Namen sind auf der Hauptkarte eingetragen; ausserdem soll diese für England bis 1066 dienen. Die Unsicherheit der Grenzen im Osten und in Spanien ist durch die doppelte Grenze mit und ohne Verwaschung, die zweifelhafte fränkische Herrschaft über Benevent, Sardinien und die Balearen durch Unterstreichung angedeutet, der Zeitpunkt der Verduner Teilung auch für die Grenze zwischen saracenischem und oströmischem Gebiet in Sizilien festgehalten. Der Kirchenstaat ist in der weitesten Ausdehnung geboten, die er unter den Karolingern erreicht hat. — Bei Darstellung des Reiches Karls des Grossen (Nebenkarte) soll durch die für Bayern gewählte Färbung angedeutet werden, dass dies Land vor Karl vom Frankenkönig halb abhängig war, von Karl einverleibt wurde. Der kleinen Karte über den Vertrag von Mersen ist noch eine Karte hinzugefügt zur Darstellung der *Vereinigung Lothringens mit Deutschland*, d. h. der Festsetzung der im Mittelalter geltenden Westgrenze. — Auf der Karte für 888 sind eingetragen die bedeutendsten Vasallen des westfränkischen Königs und das Grossmährische Reich. — Die Karte *Italien* im X. und XI. Jahrhundert legt für die Territorialverhältnisse ungefähr das Jahr 1050 zu Grunde (dass trotzdem in der Erklärung nicht die erst 1075 gestorbene Markgräfin Beatrix, sondern Mathilde genannt ist, bedarf wohl keiner Rechtfertigung). Beim Kirchenstaate bezeichnet die Randfarbe die dem Papste entrissenen, aber von ihm beanspruchten Gebiete; die süditalienischen Herrschaften sind nach der Nationalität verschieden gefärbt, die Farbentöne kennzeichnen bei den Langobarden die beiden fürstlichen Linien, bei den Normannen die Herrschaften von Aversa und Apulien. Die Zahlen sollen das Wachsen der Normannenherrschaft veranschaulichen; dass dabei Capua und Gaeta von Aversa aus erobert wurde, deutet die hellrote Linie an. Das „(1139 apul.)" bezieht sich auf die Vereinigung der beiden normannischen Fürstentümer, das „(1051 päpstl.)" gilt nur für die Stadt Benevent.

Eine deutsche Reichsgrenze für die Zeit der *sächsischen und fränkischen Kaiser* ist schwer festzulegen: Das Schwankende der Lage im Osten ist durch die doppelte Reichsgrenze und durch den Übergang von der Flächen- zur Randfärbung, die zeitweilige Zugehörigkeit von Gent durch den feinen roten Strich, die in diese Periode fallende Eroberung der Mark Verona durch doppelte Reichsgrenze gekennzeichnet; dagegen ist die vorübergehende Lehnsabhängigkeit Polens und Ungarns unberücksichtigt geblieben, ebenso die nochmalige (989—996) Vereinigung des Herzogtums Kärnten mit Bayern. In den Marken bezeichnet die Haarschrift die späteren Namen. — Das *Machtgebiet Boleslaws* ist in seiner weitesten Ausdehnung angegeben, doch gehörten die Lande nicht alle gleichzeitig zu Boleslaws Reiche (vgl. Hauptkarte); für die Lausitz gilt der Bautzner Friede von 1018. — Auf der die *kirchliche Einteilung* darstellenden Nebenkarte sind in *Deutschland* alle Bistümer eingetragen. Durch die Wahl der Farben soll angedeutet werden, dass Mainz ursprünglich auch Prag, Hamburg-Bremen auch Lund (getrennt ca. 1150) umfasste; durch die Randfarbe bei Cambray und Posen, dass diese Bistümer gegen Ende des 12. Jahrhunderts Köln und Gnesen unterstellt wurden, durch die farbigen Striche bei den eximierten Bistümern, dass in Bamberg Mainz, in Kammin sowohl Magdeburg wie Gnesen erzbischöfliche Rechte beanspruchten. Büraburg ist aufgenommen als erste Gründung des Bonifazius in Hessen, obgleich es schon vor dem 11. Jahrhundert wieder aufgehoben wurde.

S. 15.

Neben der Geschichte der *Kreuzzüge* soll dies Blatt auch dienen zur Veranschaulichung dessen, was aus der Vorgeschichte des Islam und aus der älteren Geschichte Spaniens in der Schule erwähnt wird. Für das *Kalifenreich* ist der Sturz der Omeijaden als Zeitpunkt der Darstellung gewählt. In Spanien verzeichnet diese Nebenkarte das christliche Königreich Asturien, die Hauptkarte die späteren christlichen Reiche. Im Einzelnen zeigt hier die Färbung, dass um 1097 Navarra zwischen Aragon und Kastilien-Leon ge-

S. 16.

teilt war, die Grafschaft Portugal zunächst Lehn des letzteren Staates bald von ihm unabhängig wurde, und der Emir von Saragossa seine Selbständigkeit gegen die Almoraviden behauptet hatte. Weiter deutet die Färbung an die halbe Abhängigkeit Kroatiens von Ungarn, Serbiens vom oströmischen Reiche, des Danischmend und der armenischen Fürsten von den Seldschuken. Die Erfolge des ersten Kreuzzuges sind verzeichnet durch die rote Grenzlinie in Kleinasien und auf der Nebenkarte von Syrien, welche vorgreifend zugleich das Königreich Jerusalem vom Jahre 1229 bietet.

S. 17.   Die Reichsgrenze für die Zeit der *Staufer* ist im Osten kaum festzulegen: Die rote Grenze mit Verwaschung bezeichnet den Anfang der staufischen Zeit, die ohne Verwaschung das bis zum Schlusse der staufischen Periode dem Deutschtume gewonnene Kolonialgebiet; dabei hat Pommern, Preussen und das von Polen dem Deutschorden überwiesene Gebiet eine besondere Farbengrenze erhalten. Für die punktierten Grenzen in Pommern und südlich von Magdeburg vergleiche Nebenkarte. Vom Kirchenstaate ist das im engeren Sinne sogenannte Patrimonium Petri in Flächenfärbung gegeben; das normanische Königreich Neapel-Sizilien ist mit einem helleren Tone der Reichsfarbe bezeichnet, weil es den Staufern zufällt. In Spanien ist als Grundlage der Darstellung ungefähr das Jahr 1200 angenommen, dazu das Eroberungsgebiet des 13. Jahrhunderts angegeben; die historisch wichtigen Orte sind hier und in Mittel- und Süditalien bis ungefähr 1450 eingetragen. Frankreich enthält auch die für das 11. Jahrhundert bedeutsamen Orte und zeigt das Kronland beim Regierungsantritt Philipps II., (1180), sowie den englischen Besitz in den weiteren Grenzen von 1154 (Regierungsantritt Heinrichs II. von England), in den engeren von 1259 (Friede von Abbeville); von den Vasallen ist die Grafschaft Toulouse abgegrenzt wegen der Albigenserkriege. England bietet die Orte bis zum Schlusse des 15. Jahrhunderts mit Ausnahme der für die Reformationsgeschichte wichtigen. — Die Nebenkarte zeigt die Gebiete der bedeutendsten Fürstenhäuser Deutschlands in ihrer weitesten Ausdehnung; dabei bezeichnet der dunklere Farbenton die Stammlande, beziehungsweise das unmittelbare Reichsgebiet, der hellere die Lehnsgebiete, die Randfärbung hoheitliche Rechte. Dass auch die Nordmark ursprünglich in einer Art Abhängigkeit von Sachsen stand, konnte wegen der askanischen Flächenfarbe leider nicht noch durch eine Randfarbe vermerkt werden; ebenso liess sich auch das Stammgebiet der Askanier nicht farbig geben, es ist angedeutet durch die punktierten Grenzen bei der Burg Anhalt; im askanischen Gebiet ist noch abgegrenzt das spätere kleinere Herzogtum Sachsen; die bei Augsburg nach Süden gehende Grenze ist die der Herzogtümer Schwaben und Bayern.

Bei den folgenden Karten von *Deutsch-* S. 18—24. *land* und *Europa* bezeichnet die dem Titel beigefügte Zahl das für die Darstellung der Territorialverhältnisse gewählte Jahr. Die im Titel angegebenen Perioden sind für die Eintragung der Namen streng eingehalten, doch greift S. 18 bis 1273 zurück, S. 19 in Oberitalien bis 1515 vor, S. 20 in Spanien und Süditalien bis ca. 1450, in der Türkei bis ins 14. Jahrhundert zurück, während S. 23 in Spanien auch die Orte der Napoleonischen Zeit enthält, in Oberitalien aber von 1796 ab durch S. 26 ergänzt wird. In der Kartenlegende sind stets die *Fürstenhäuser* herausgehoben, welche in der betreffenden Periode eine *besonders hervorragende Bedeutung* haben, dabei sind diese Farben in Fläche auf der Karte nur für sie angewandt und für zwei Hauptlinien desselben Hauses zwei Schattierungen derselben Farbe gewählt. Auf den Karten von Deutschland erscheinen die deutschen Reichslande in Flächenfärbung; weiss gelassen sind die Gebiete, welche in dem betreffenden Zeitabschnitte nicht besonders hervortreten oder sonst dargestellt sind (vgl. die Schweiz), es ist dafür also nicht in erster Linie die Grösse massgebend gewesen.

Die lützelburgische Randfarbe von S. 18. Brabant und Limburg bedeutet, dass diese Lande der Gemahlin des damaligen Herzogs von Luxemburg gehörten; die Färbung von Verona, dass dies Gebiet von den Viskonti erobert war (1387), als sie 1395 die Herzogswürde erlangten; die von Treviso, dass dies 1338 von den Venetianern eroberte Land ihnen zeitweilig wieder verloren ging. Die doppelten Reichsgrenzen sollen hier und auf S. 19 das Unklare der Grenzverhältnisse andeuten. Die Zahlen in den habsburgischen Gebieten bezeichnen das Jahr der Erwerbung. Der Besitz in der

Schweiz ist nach dem Stande von 1315 gezeichnet, damit die Nebenkarte anschliesst. — Auf dieser, die auch für die Reformationszeit gilt, geben die Zahlen das Jahr des Beitritts zur Eidgenossenschaft. — Bei der Karte von *Frankreich* im 14. und 15. Jahrhundert umfasst das Hellgelb die Linien Nevers und Brabant des Hauses Burgund, das Orange die Besitzungen Philipps des Guten bei seinem Übertritte zu England (1420), während seine Erwerbungen bei der Aussöhnung mit Karl VII. in Randfarbe gegeben sind (dazu gehört auch Ponthieu, doch liess sich leider hier wegen der roten Flächenfarbe keine orange Randfarbe mehr anbringen). Die Darstellung des englischen Besitzes knüpft fortsetzend an S. 17 an, als Zeitpunkte sind der Regierungsantritt des Hauses Valois in Frankreich (1328), der Friede von Brétigny und die Zeit vor dem Auftreten der Jungfrau von Orléans gewählt.

S. 19. Die ausserdeutschen unter französischer Lehnshoheit stehenden Gebiete Karls des Kühnen sind mit breiter, die der Seitenlinie Nevers mit schmaler Randfarbe versehen; wo zwei Zahlen stehen, giebt die eingeklammerte die Zeit der ersten Erwerbung durch das Haus Burgund, die andere (1430) den Heimfall der burgund-brabantischen Besitzungen an die Hauptlinie. Durch die Wahl der Farben soll angedeutet werden, dass 1477 in Böhmen ein polnischer Jagellone herrschte, Mähren und Schlesien dem Ungarkönige gehorchten, aber 1490 mit Böhmen vereinigt wurden; der Deutsch-Ordensstaat ist durch die Art der Färbung als polnischer Lehnsstaat gekennzeichnet, ebenso das Herzogtum Preussen auf S. 20, 21, 22. — Der Plan von *Rom* wird für die Römerzüge der Kaiser und die Geschichte der Renaissancezeit erwünscht sein, er enthält natürlich nur das Wichtigste.

S. 20. Das römisch-deutsche Reich ist mit österreichischer Randfarbe versehen; Metz, Toul und Verdun sind französisch unterstrichen, weil sie rechtlich noch als Reichsteile galten, thatsächlich aber seit 1552 zu Frankreich gehörten; in Frankreich sind die Besitzungen des zu Karl V. abgefallenen Konnetable Karl von Bourbon und die Stammlande der bourbonischen Könige angegeben; in Italien ist durch die Farben ausgedrückt, dass Montferrat zu Mantua und das päpstliche Lehn Ferrara zu Modena gehörte; bei den türkischen Vasallenstaaten war wegen der Kleinheit für die Republik Ragusa nicht noch ein besonderer Farbenstrich möglich; gekennzeichnet ist auch, unter Weglassung der zeitweiligen russischen Erwerbungen, der Zerfall des Ordensstaates; dem entspricht die hier für das Herzogtum Preussen gewählte Farbe, während die Farben auf S. 21 u. 22 sein Verhältnis zu Ansbach und Brandenburg anzeigen.

Die habsburgischen Besitzungen sind S. 21. nicht in spanische und deutsche geteilt, weil diese Spaltung sich besser aus S. 20 ergiebt. Unter fränkischer Linie der Hohenzollern sind hier und weiter beide süddeutsche Linien (Ansbach-Baireuth und Hohenzollern) zusammengefasst, obgleich die Linie Ansbach-Baireuth der brandenburgischen näher steht als der Linie Hohenzollern. Durch gleiche Färbung sind herausgehoben die Jülich-Kleveschen Lande wegen des späteren Erbschaftsstreites; die böhmische Randfärbung des Vogtlandes bedeutet, dass dies (die Burggrafschaft Meissen) 1547 unter böhmische Lehnshoheit kam. — Für die *Wettinischen Lande* siehe S. 36.

In Lothringen und den spanischen S. 22. Niederlanden bezeichnen die Grenzen (········)die französischen Erwerbungen von 1659 bis 1697; die eigentümliche Stellung Frankreichs zu Philippsburg und den elsässischen Reichsstädten liess sich leider auf der Karte nicht kennzeichnen. Oldenburg ist schon dänisch gefärbt, obgleich dort bis 1667 eine eigene Linie des Hauses Oldenburg herrschte; Magdeburg hat brandenburgische Farbe erhalten, weil es 1648 Brandenburg zugesprochen wurde, es stand aber bis 1680 unter einem sächsischen Administrator. — Bei dem Plane von *Magdeburg* ist die Lage von Trutz Pappenheim und Magdeburger Succurs unsicher.

Hannover-England und Sachsen-Polen S. 23. sind wegen der Personalunion gleich gefärbt; die Färbung von Dänemark-Norwegen-Oldenburg in der einen und Holstein in der anderen Stufe derselben Farbe soll andeuten, dass hier zwei Linien desselben Hauses herrschten. Durch die Reichsgrenze Lothringens auch gegen Deutschland soll ausgedrückt werden, dass dies Land nur noch rechtlich zu Deutschland gehörte. Das „gen." unter Corsica heisst genuesisch.

Die mit Reichsgrenze versehenen Ge- S. 24. biete in Elsass-Lothringen, auch die farblosen, gehörten noch nicht zu Frankreich.

S. 25. Die Karte von *Schweden* soll eine Anschauung geben von der Erwerbung und dem Verlust der Ostseeherrschaft; als Ausgangspunkt ist die Lösung der Kalmarischen Union genommen. — Bei der Darstellung *Russlands* ist ausgegangen von der Thronbesteigung Iwans III. (1462), der durch Abschüttelung der Oberherrschaft der goldnen Horde (siehe Nebenkarte) und Unterwerfung der (eingezeichneten) Teilstaaten der eigentliche Gründer des Reiches wurde; die weiteren Zeitpunkte (Regierungsantritt Iwans des Schrecklichen, Aussterben der Ruriks, Regierung Peters des Grossen, Thronbesteigung Katharinas II.) erklären sich von selbst. Die grauen Grenzen in dem gelben und orangefarbenen Gebiete sollen bezeichnen, dass diese Lande 1534 zu Russland gehörten, aber 1617 und 1618 wieder verloren gingen. — Die Karte von *Polen* dient zugleich als Fortsetzung der Russlands: sie verbindet mit den polnischen Teilungen die gleichzeitige Entwickelung der orientalischen Frage, weil beides auch sachlich im Zusammenhange steht, dabei ist für die polnischen Gebiete Flächenfarbe, für die türkischen Randfarbe angewandt; ausserdem bietet sie russische Erwerbungen bis 1812. — Bis zur Gegenwart weitergeführt wird die *Orientalische Frage* auf den beiden Karten der Türkei, die Orte des Krimkrieges bietet S. 23; für die weitere Geschichte Polens vgl. S. 27, 28, 30a.

S. 26, 27. Den Feldzügen der *Napoleonischen Zeit* in Italien und der Schweiz dient S. 26 (Ober-Italien 1796), denen in Deutschland seit 1803 S. 27; ausserdem bieten beide ein Bild der schnellen territorialen Umgestaltungen. Den Zustand vor Napoleon zeigt S. 24 und auf S. 26 die Karte Ober-Italien 1796; auf der Karte für 1803 sind schon wieder untergegangene Bildungen mit Haarschrift bezeichnet, während die Färbung von Wallis und Parma französische Schutzherrschaft oder Verwaltung andeutet; die Karte von 1806 enthält in Italien auch die Veränderungen von 1808, für Deutschland ist auf eine besondere Darstellung des Zustandes von 1808 verzichtet, weil bei Preussen S. 27 hierfür zutrifft, die abweichende Gestaltung der Rheinbundstaaten aber einen zu vorübergehenden Charakter trug (vgl. zu allen auch S. 30 und 33—37). Die Rangveränderungen der deutschen Staaten sind auf S. 26 dadurch hervorgehoben, dass nur die Staaten, die eine Änderung erfuhren, mit Titel eingesetzt sind, also z. B. Preussen,

aber Kur-Baden. — Dem ägyptischen und russischen Feldzug dienen Nebenkarten, für den spanischen siehe S. 23.

Die zum *deutschen Bunde* gehörenden **S. 28.** Lande haben Flächenfarbe; mit der Zahl 1815 ist das im zweiten Pariser Frieden abgetretene Gebiet gekennzeichnet. Für die deutsche Geschichte seit 1866 dient S. 29 und 30a.

Die *Entwickelung des preussischen Staates* **S.30,30a.** ist, um einen grösseren Massstab zu gewinnen, auf zwei Blättern dargestellt. Um den Vorteil der früheren drei Karten (leichter Überblick der territorialen Zerrissenheit) dabei nicht zu opfern, sind zwei Nebenkarten hinzugefügt.

Für die Geschichte des *Osmanischen* **S. 31.** *Reiches*, besonders die ältere, hat ja die Schule nur wenig Zeit übrig; zur Unterlage gelegentlicher Bemerkungen schien eine Karte wünschenswert, die dies Reich bis zu seiner weitesten Ausdehnung darstellt. Von den Anfängen unter Osman und Urchan (bis 1359) ist dabei übergesprungen bis zur Thronbesteigung Mohammeds II. (1451); dass das Reich in dieser Zeit eine schwere Krisis durchzumachen hatte, deutet die Nebenkarte an. Die weiteren Entwickelungsperioden sind so gewählt, dass die beiden für Europa wichtigsten Sultane (Mohammed II. und Suleiman II.) besonders hervortreten. Die Karte ist geschlossen mit dem Jahre 1683, weil in diesem Jahre (Belagerung Wiens) der Rückgang des Reiches beginnt. — Von den auf dem Plane von *Konstantinopel* eingetragenen Mauern sind heute vorhanden die des Theodosius und Heraklius und die des neuen Serai. — Die Hauptkarte von *Nordamerika* soll ein Bild der allmählichen Besiedelung bieten, besonders aber die Verhältnisse im 18. Jahrhundert klar legen, die auch für die europäische Geschichte der Zeit wichtig sind. Es sind deshalb in der Färbung der Kolonisationsgebiete die ursprünglich schwedischen und niederländischen Gebiete mit zu dem englischen gezogen, unter Angabe des Jahres, in dem sie englisch wurden; aus demselben Grunde sind die bei der Besiedelung zunächst angewandten Landschaftsnamen (Neu-England, Neu-Niederland, Neu-Schweden, Virginia) nur in Haarschrift eingeschrieben. Von den Zahlen unter Nord- und Süd-Carolina bezeichnet die erste das Jahr der Begründung der Kolonie Carolina, die zweite das der Teilung. In Florida und dem Gebiet westlich vom Mississippi gehen die Angaben

(1783 span., 1800 franz.) über das sonst festgehaltene Jahr 1763 hinaus, damit die Legende der die Vereinigten Staaten seit 1776 darstellenden Nebenkarte für diese Gebiete anschliesst. Diese Nebenkarte soll für den Unabhängigkeitskrieg gelten, ausserdem die Gebietserweiterung und durch die eingeschriebenen Zahlen auch die Organisation des Landes darstellen.

S. 33—35. Die drei sich ergänzenden Landeskarten von *Bayern*, *Baden* und *Württemberg* sind nach gleichen Gesichtspunkten hergestellt. Die Anwendung von Rand- und Flächenfärbung, der Zahlen mit und ohne Klammern, der Schriftarten u. s. w. hat überall die gleiche Bedeutung; als Ausgangspunkt nach rückwärts und vorwärts ist überall der territoriale Stand des heutigen Staatsgebiets genommen, wie er vor der französischen Revolution war, wobei für Bayern und Baden ein auch in der Landesgeschichte wichtiger Zeitpunkt gewählt werden konnte; endlich ist überall eine Darstellung des Wachstums mit einander entsprechenden Farben gegeben.

S. 33, 34. Die zu *Bayern* gehörenden Lande sind gezeichnet nach dem Stande von 1777, d. h. vor der Vereinigung von Bayern und Kurpfalz. In den damals bayerischen Gebieten sind die wichtigsten der alten Grafschaften eingetragen unter Beifügung des Jahres, in dem sie an die Wittelsbacher fielen, bei den Erwerbungen seit 1507 sind auch die Grenzen angegeben; besonders gekennzeichnet sind die Stammlande der Wittelsbacher, doch liessen sich die in der Pfalz nicht eintragen, ihre Ausdehnung erhellt aus der Karte, die den Höhepunkt der wittelsbachischen Macht unter *Kaiser Ludwig* darstellt. Diese geht aus von der Teilung von Pavia, giebt die Erwerbungen des Kaisers, wobei der farbige Strich unter Friesland andeuten soll, dass die Grafen von Holland Herrschaftsansprüche in Friesland hatten, die aber von den Friesen bestritten wurden, und verzeichnet die Teilung unter den Söhnen des Kaisers. Die doppelten Verlustzahlen unter Holland etc. beziehen sich darauf, dass 1425 die Linie Straubing erlosch, dass aber in Holland noch bis 1433 eine bayerische Prinzessin regierte; die Zahlen im böhmischen Teil der Oberpfalz wollen sagen, dass das Gebiet zwischen 1373 und 1401 wieder wittelsbachisch wurde.

S. 34. Bei *Baden* ist vom Jahre 1771, d. h. von dem Zeitpunkt vor der Vereinigung der Linien Baden und Durlach, ausgegangen. Rodemachern (südlich von Luxemburg) ist weggelassen, es gehörte zu Baden-Baden, aber unter österreichischer Oberhoheit. An einer Stelle der Karte ist Doppelherrschaft durch strichweise Färbung angedeutet.

Für *Württemberg* ist vom Jahre 1789 S. 35 ausgegangen; kenntlich gemacht ist die alte Grafschaft, unterschieden sind auch die Erwerbungen der Grafen (bis 1495) und der Herzöge.

Bei der ersten Hauptkarte der *Wettini*- S. 36. *schen Lande* (bis 1485) sind in den wichtigsten Gebieten die Erwerbungszahlen eingeschrieben, von den Vasallen auch nur die wichtigsten besonders berücksichtigt, die verwickelten lehnsrechtlichen Verhältnisse zu Böhmen aber unberücksichtigt geblieben; der Vorgeschichte dienen zwei kleine Nebenkarten. Die Ganerbschaft Treffurt und Vogtei Dorla waren seit 1337 Thüringen (Kursachsen), Mainz und Hessen gemeinsam. — Da für die Wittenberger Kapitulation von 1547 und den Naumburger Vertrag von 1554 auf S. 21 eine Übersicht geboten ist (dass dabei Altenburg-Eisenberg-Neustadt zu den 1547 albertinisch gewordenen Gebieten gehören, ergiebt eine Vergleichung der Karten), setzt die zweite Hauptkarte mit dem Jahre 1554 ein. Bei den Erwerbungen sind die 1567 in den Pfandbesitz und 1660 in den vollen Besitz der Albertiner übergegangenen sogenannten assekurierten Ämter angegeben, ferner die Säkularisation der Stiftslande, die Regelung der Rechtslage der Häuser Schönburg und Stolberg (man beachte hier die Anwendung der punktierten Grenze und die Unterstreichung von Heringen und Kelbra, letztere gewählt wegen der Schwarzburgischen Mitherrschaft), sowie der schliessliche Heimfall von Mansfeld. Von den ernestinischen Besitzungen gehörte Oldisleben als Seniorat immer dem ältesten Gliede des Hauses, 1812 wurde es Weimar überwiesen.

Die Karte von *Nordwestdeutschland* S. 37. zeigt die territoriale Zusammensetzung der heutigen Staaten und preussischen Provinzen und giebt nun auch für Norddeutschland das Bild staatlicher Zerrissenheit, wie sie vor den Umwälzungen Napoleons bestand; für den Nordosten Deutschlands, der nie derart zerrissen war, wird sie ergänzt durch S. 30 und 30a.

Dr. A. Baldamus.

Die alte Welt. Westlicher Teil

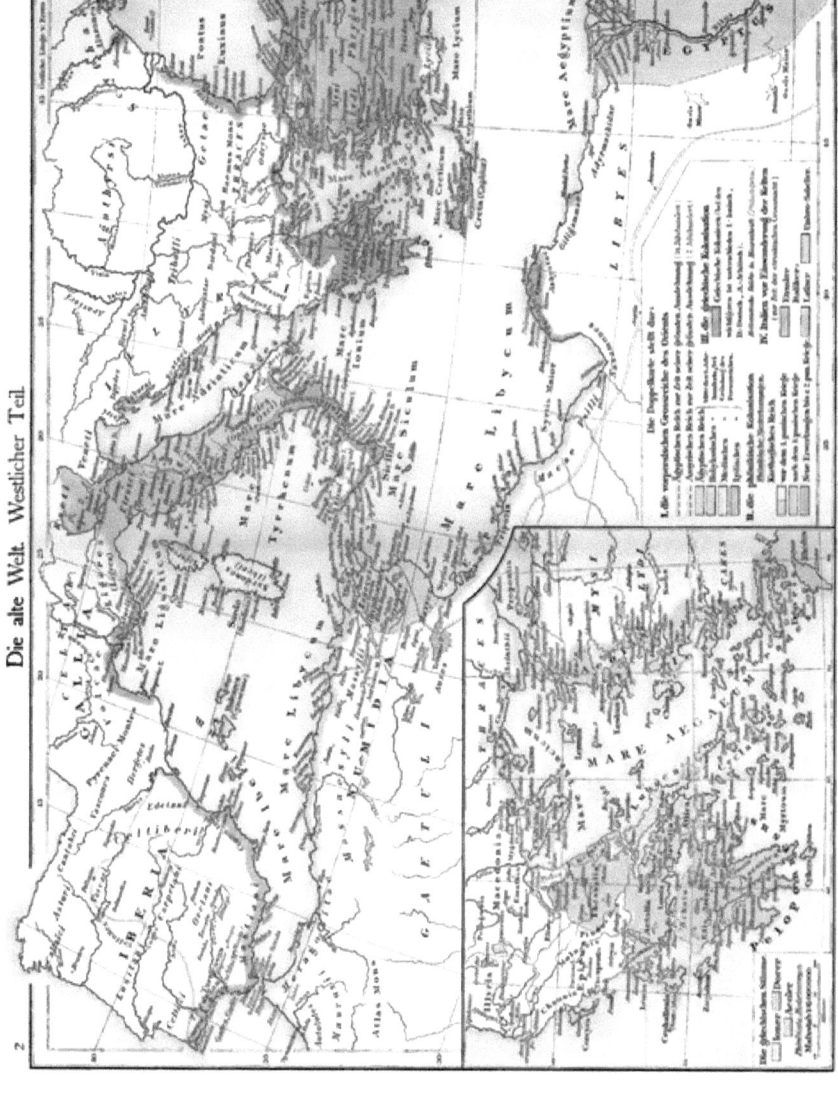

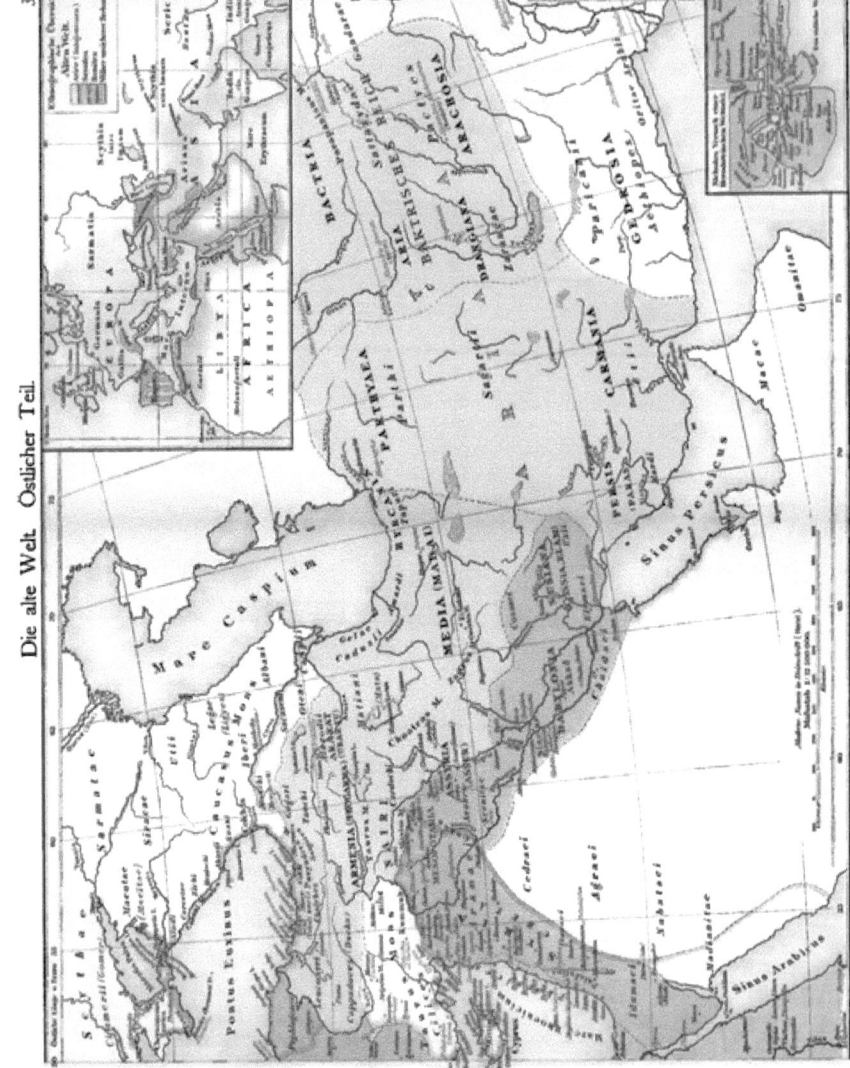

Die alte Welt. Östlicher Teil.

Kleinasien.

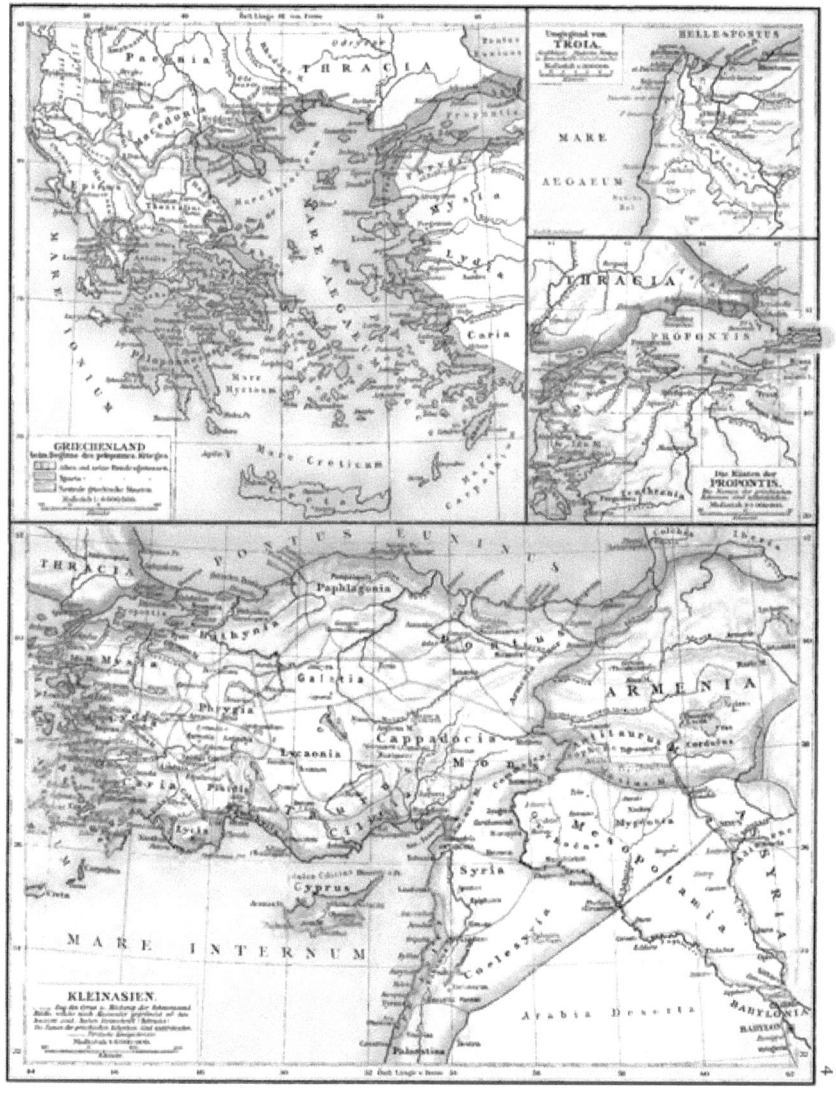

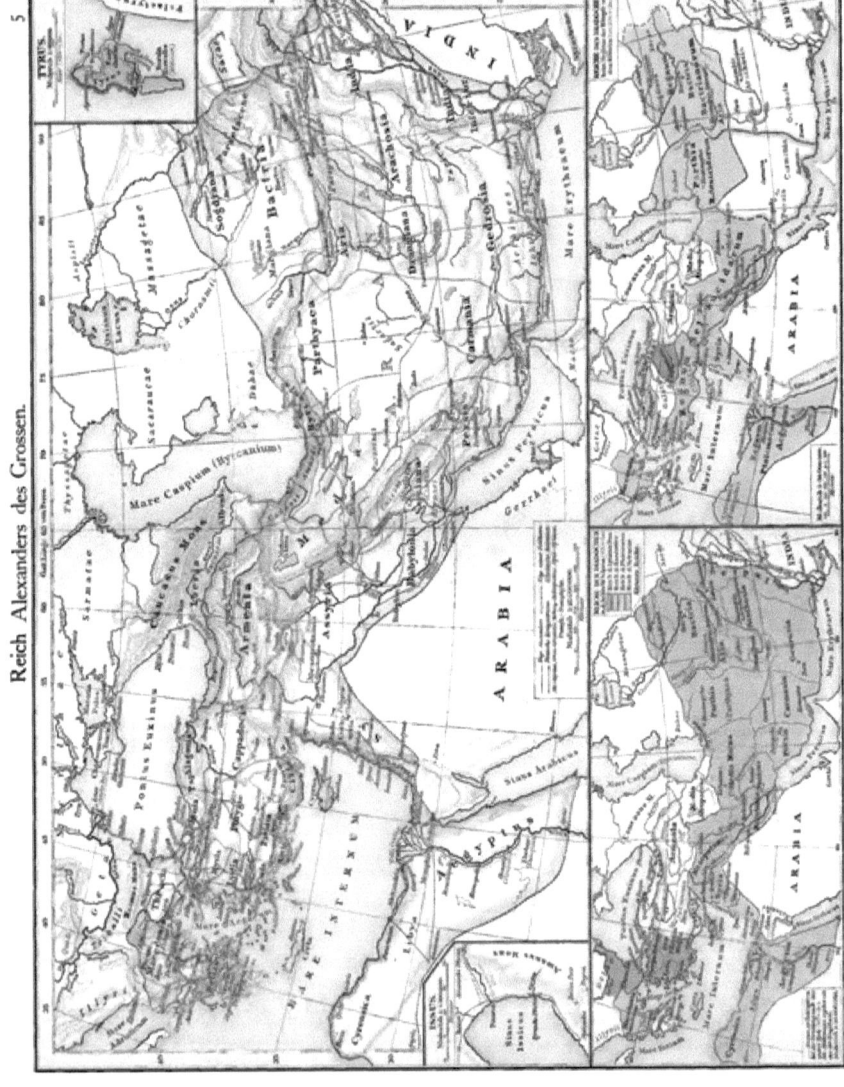

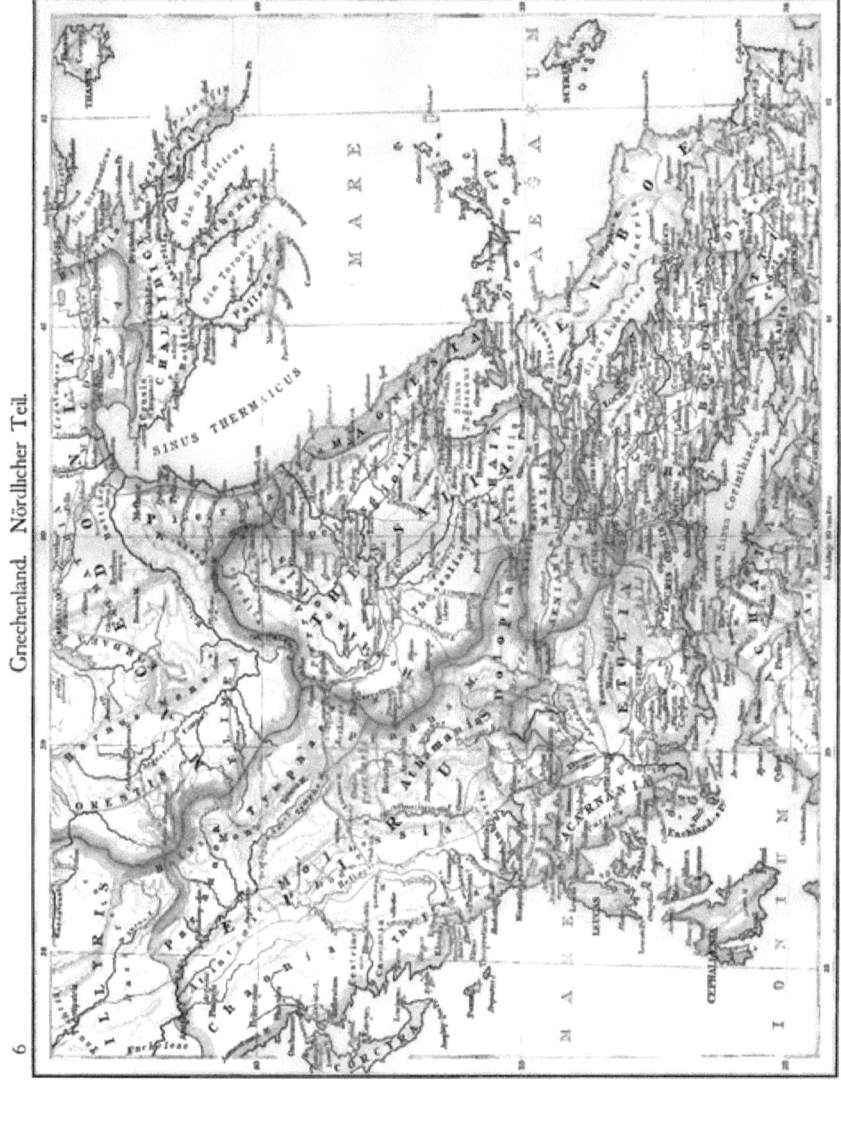
Griechenland. Nördlicher Teil.

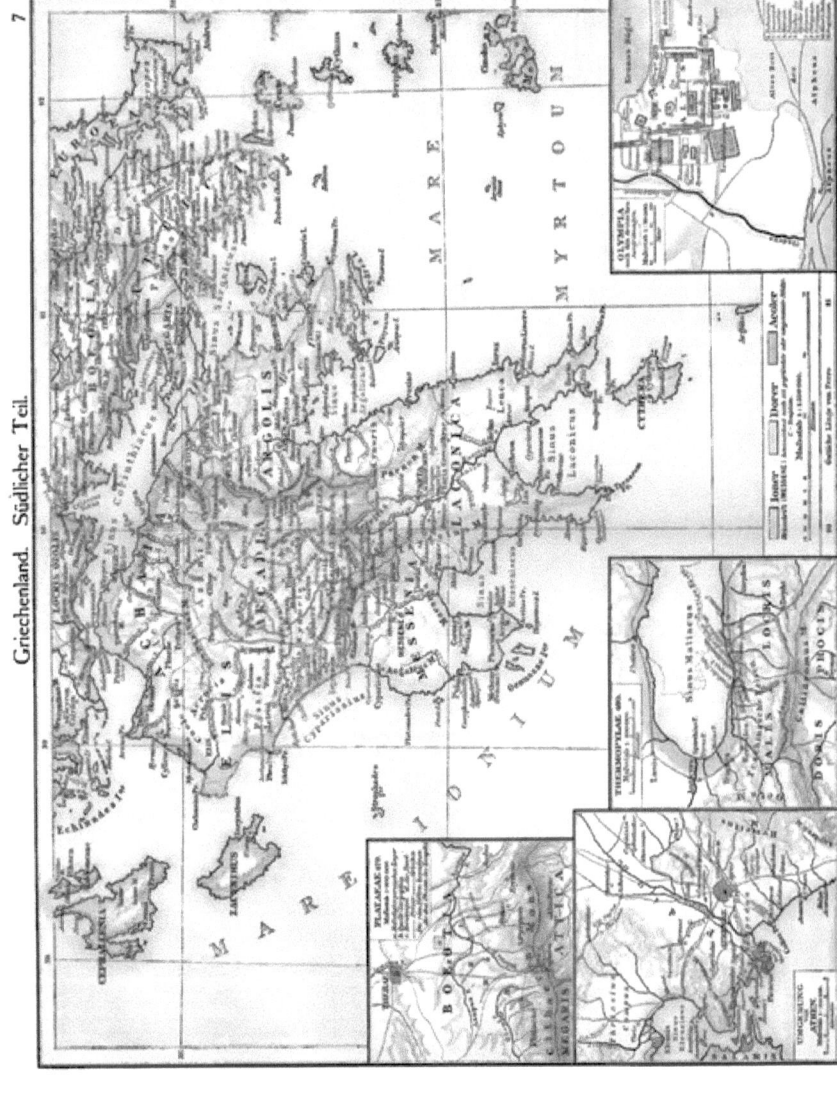

Griechenland. Südlicher Teil.

Rom. Athen.

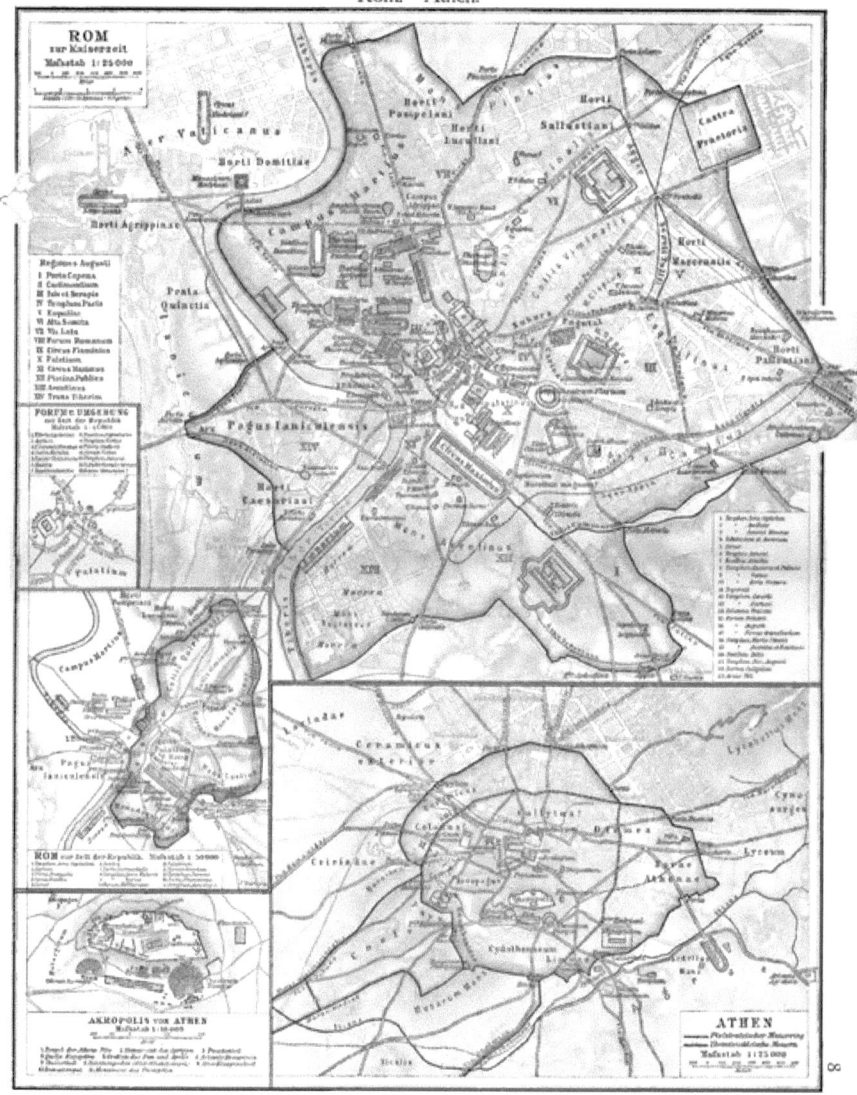

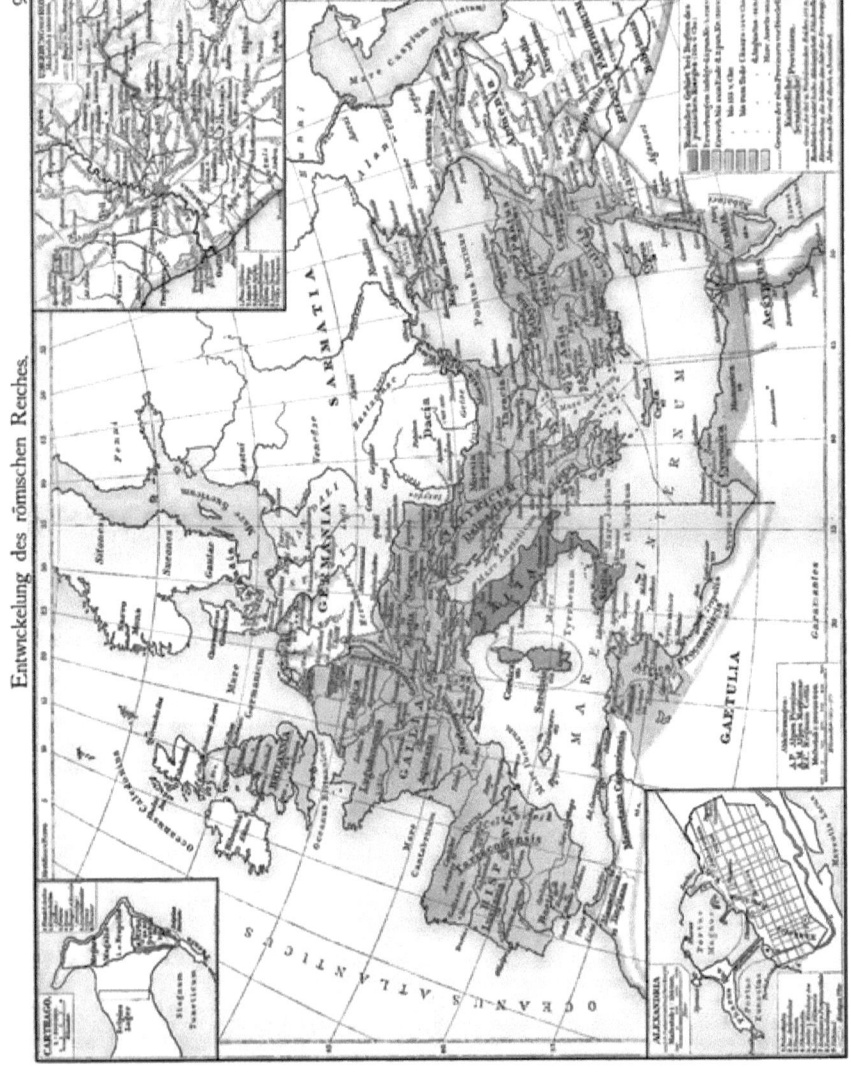

Entwickelung des römischen Reiches.

Italien. Nördlicher Teil.

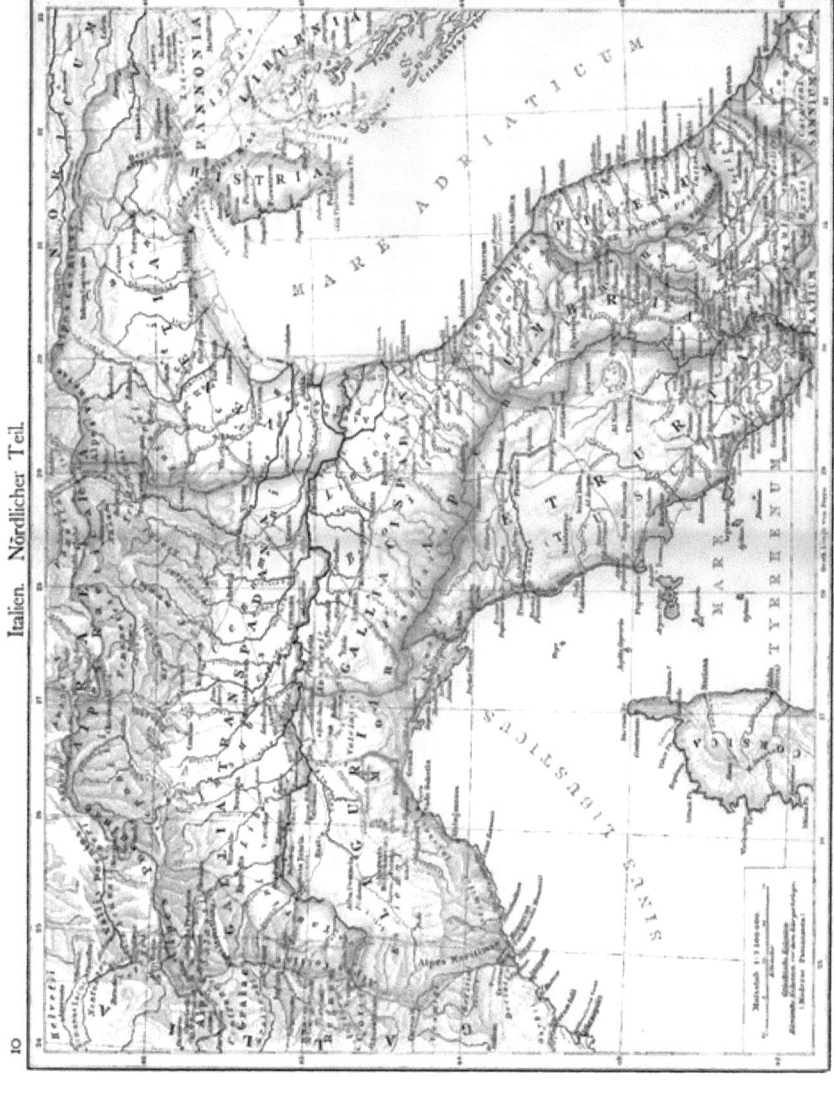

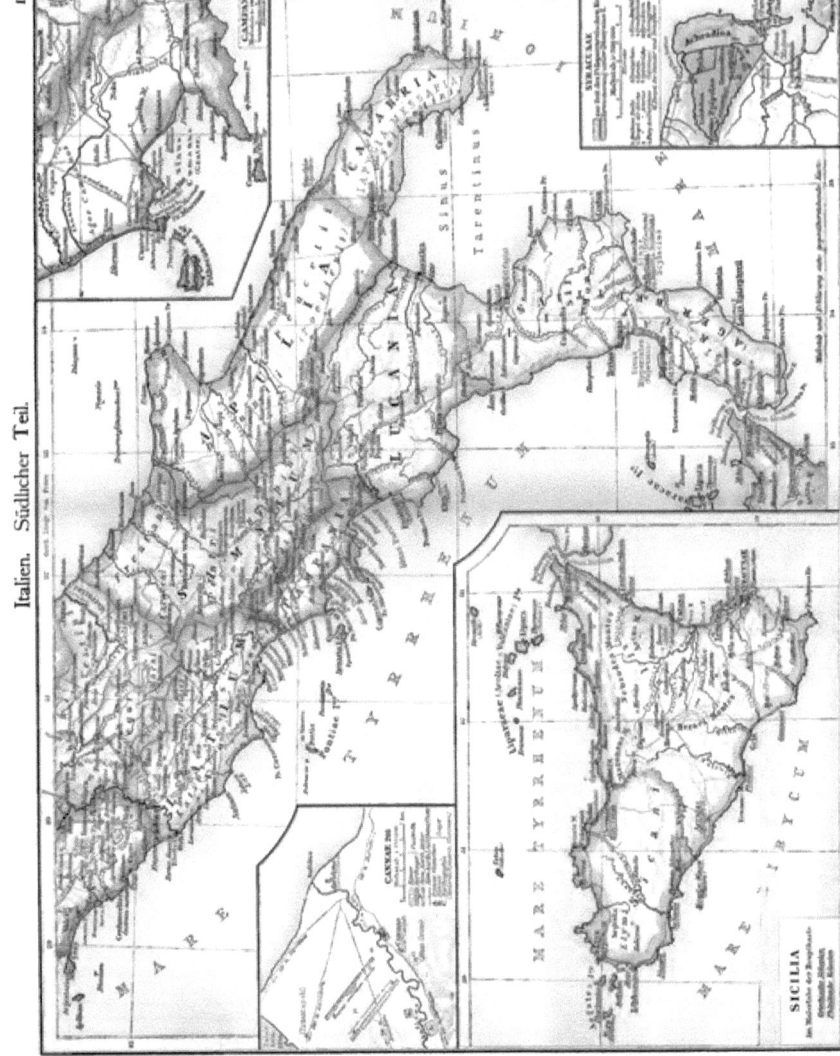

Italien. Südlicher Teil.

Europäische Provinzen des römischen Reiches.

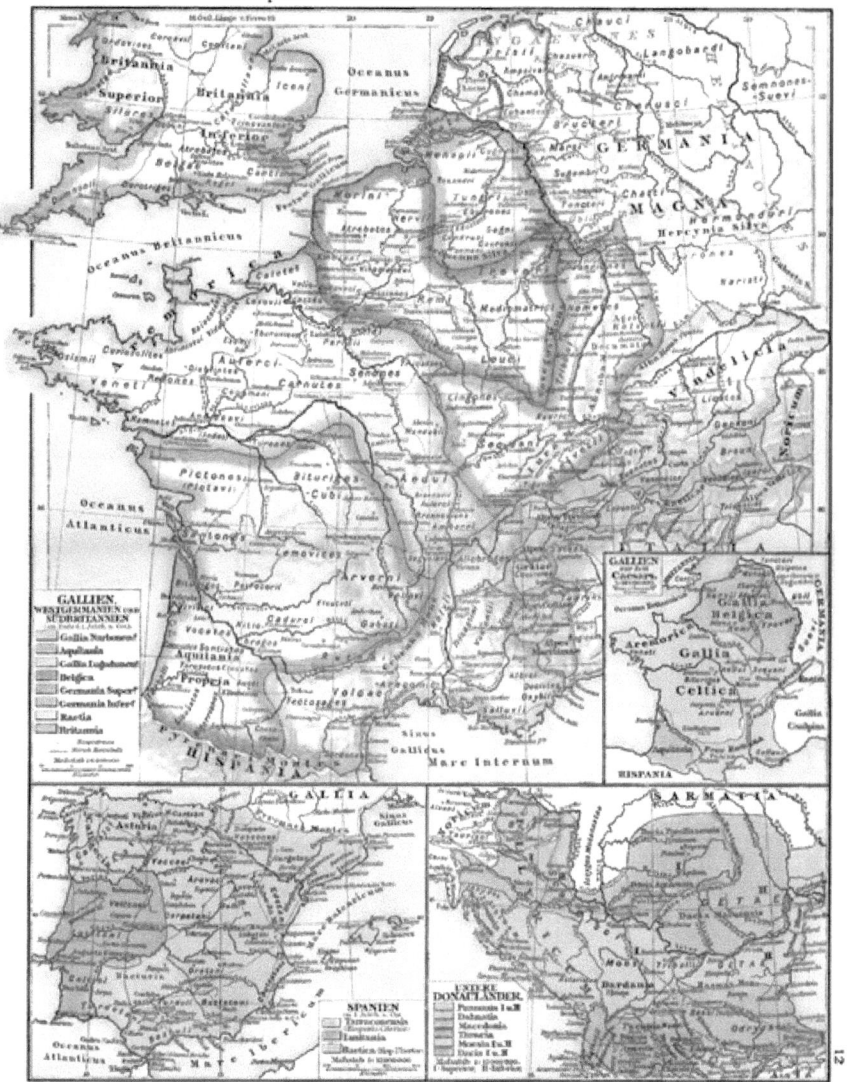

Europa am Ende der Völkerwanderung.

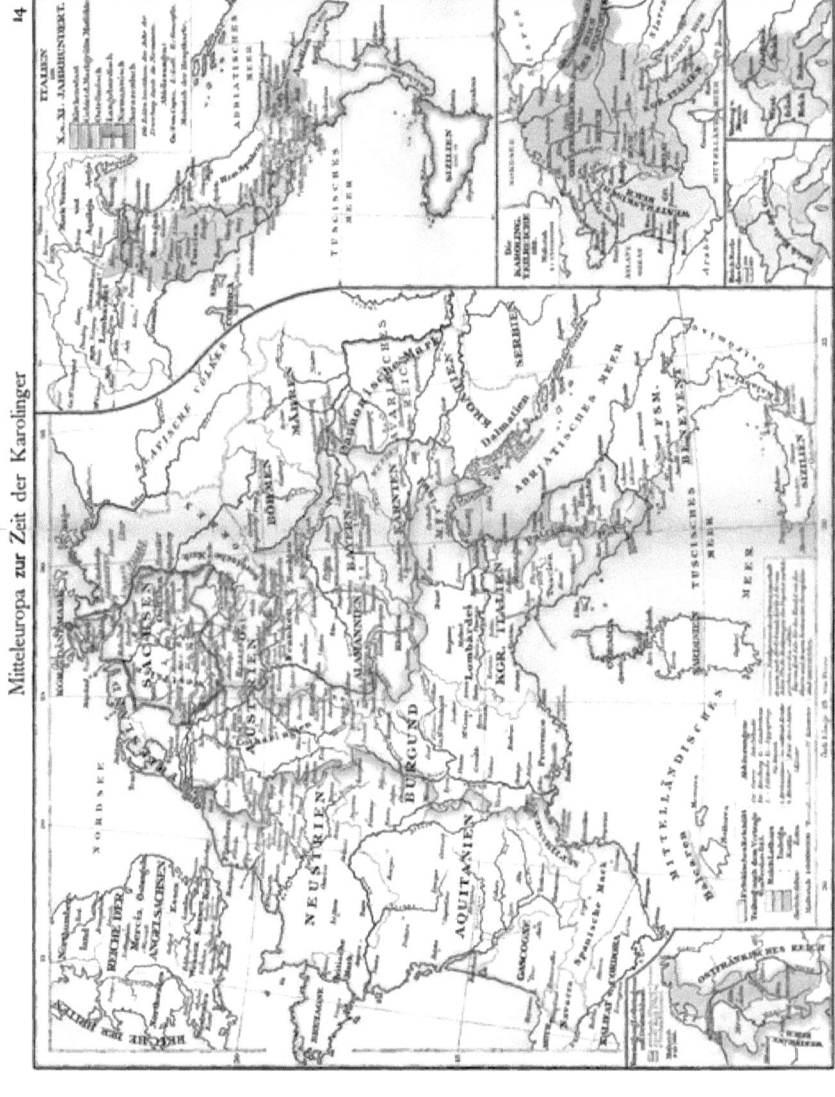

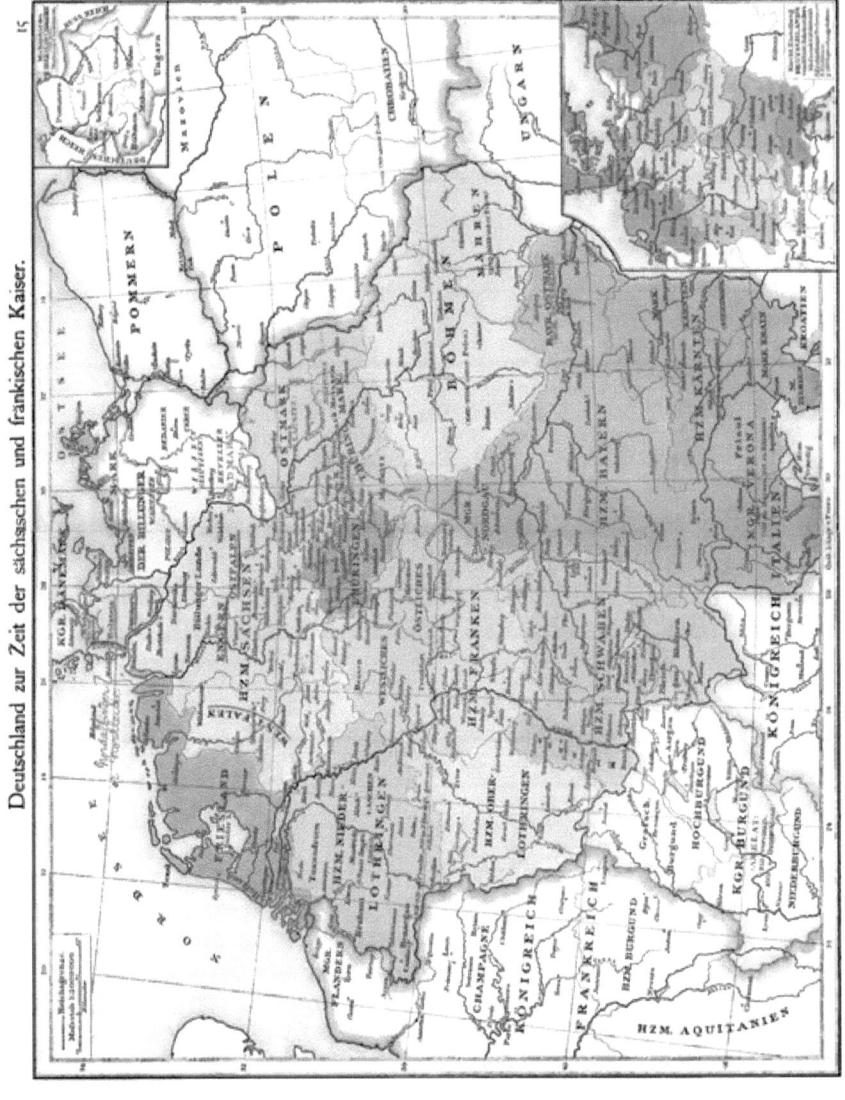

Deutschland zur Zeit der sächsischen und fränkischen Kaiser.

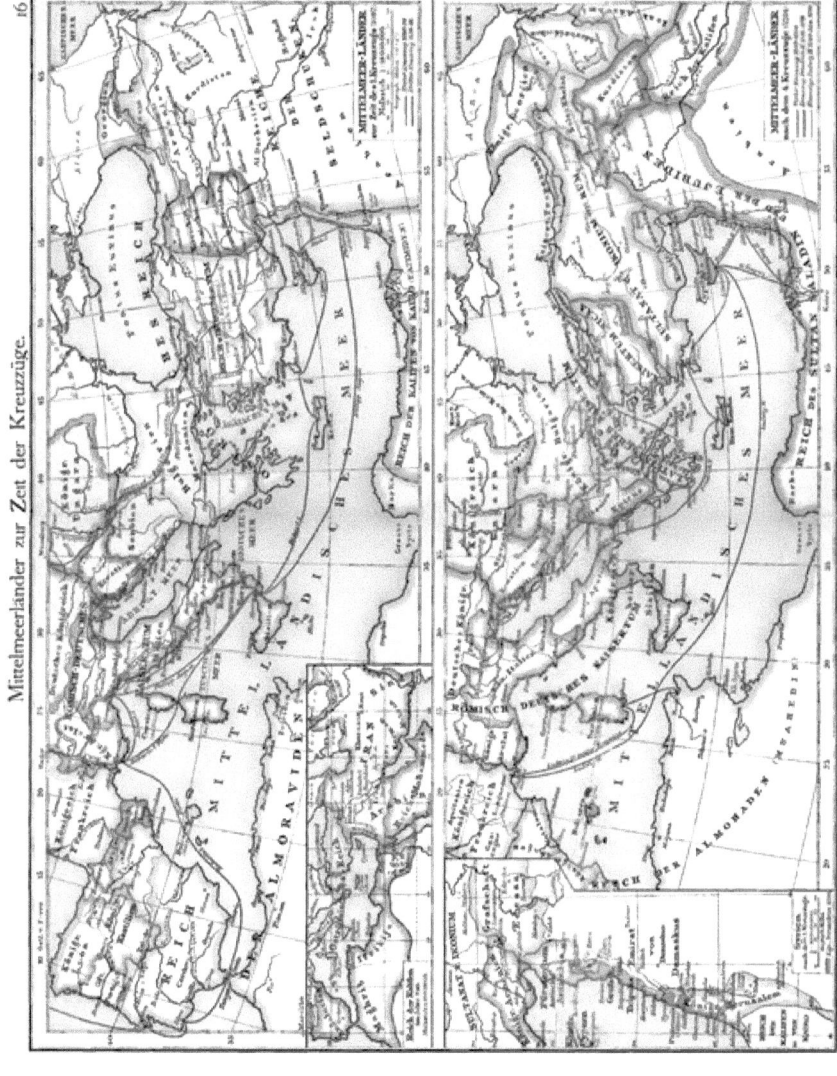

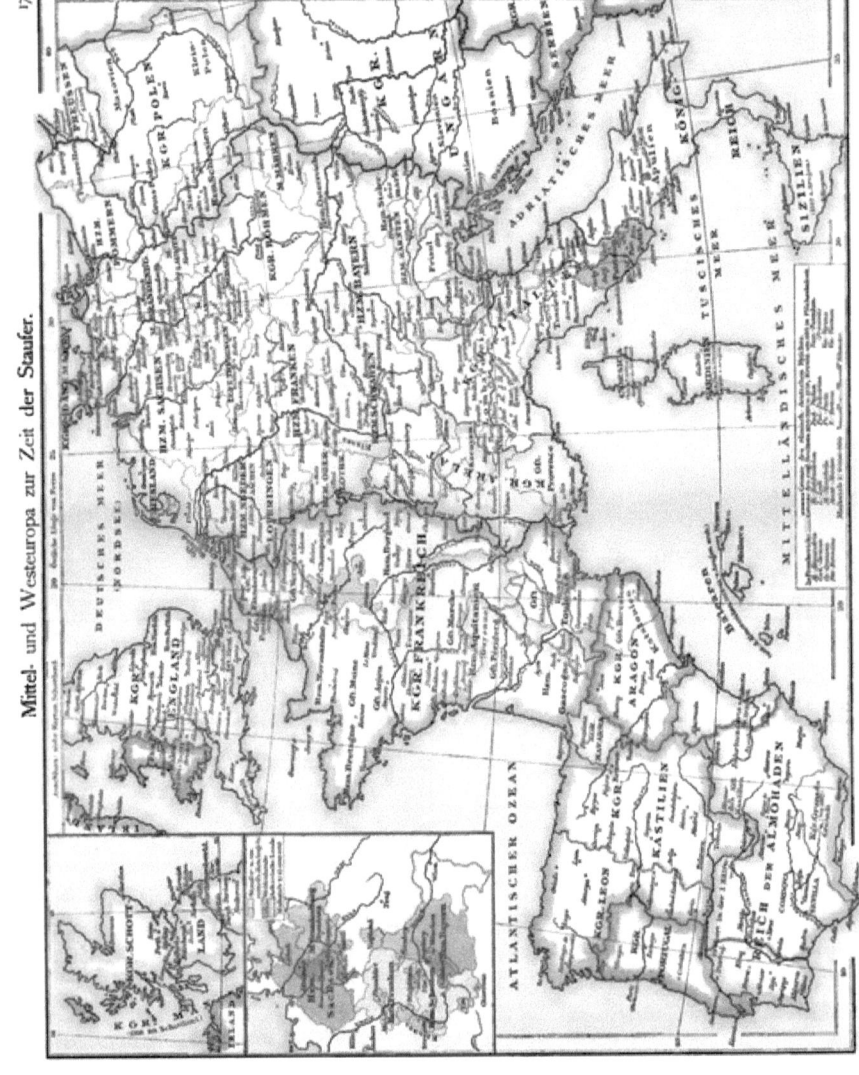

Mittel- und Westeuropa zur Zeit der Staufer.

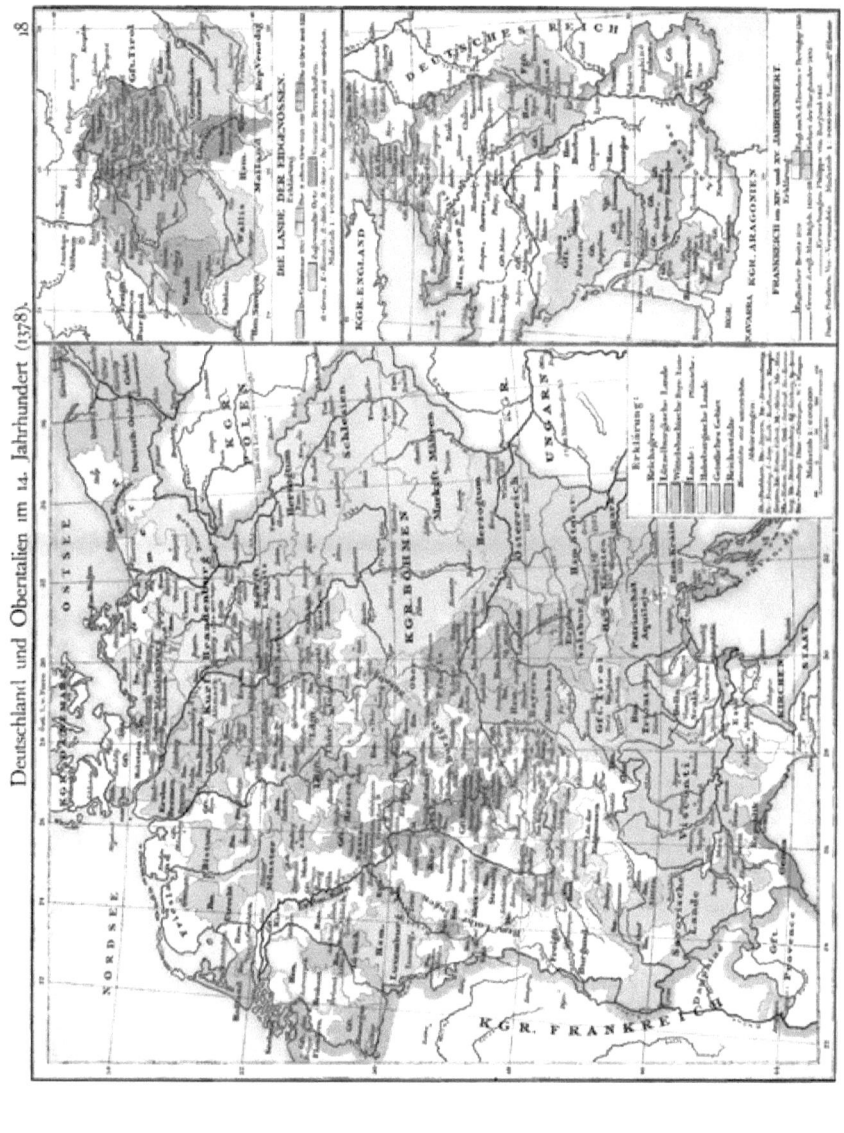

Deutschland und Oberitalien im 14. Jahrhundert (1378).

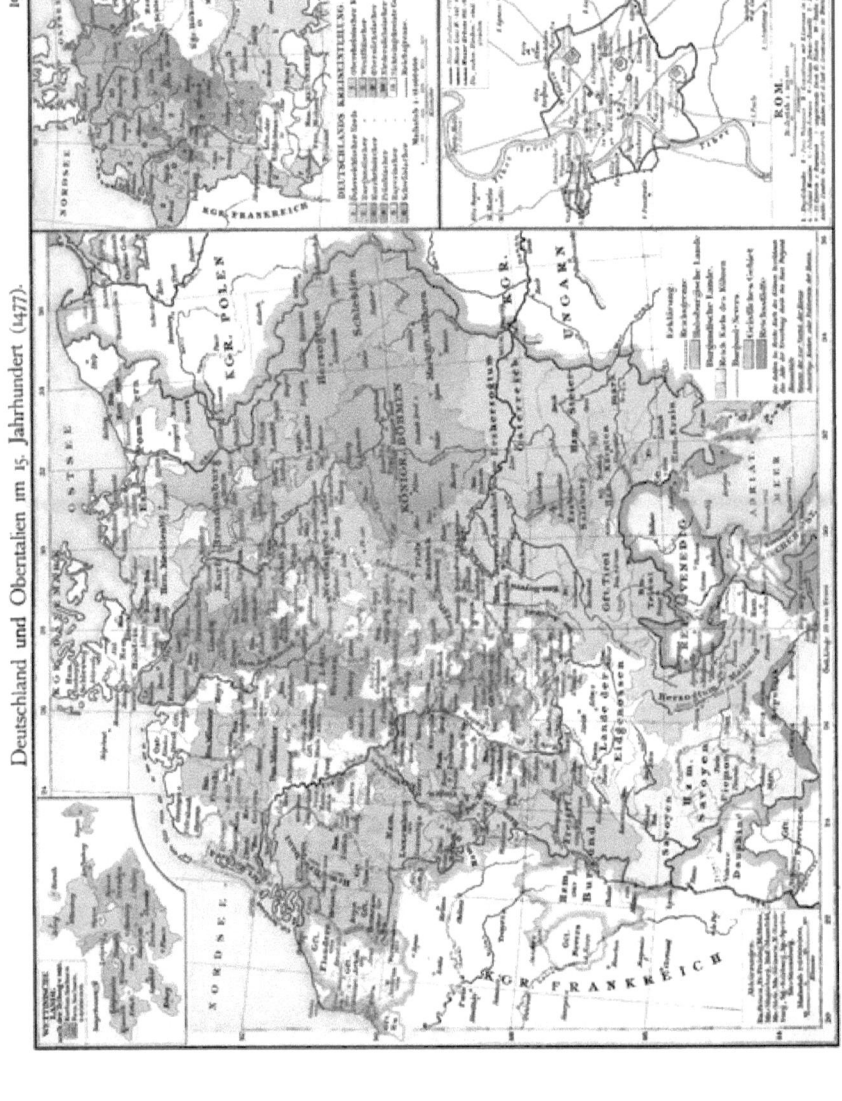

Deutschland und Oberitalien im 15. Jahrhundert (1477).

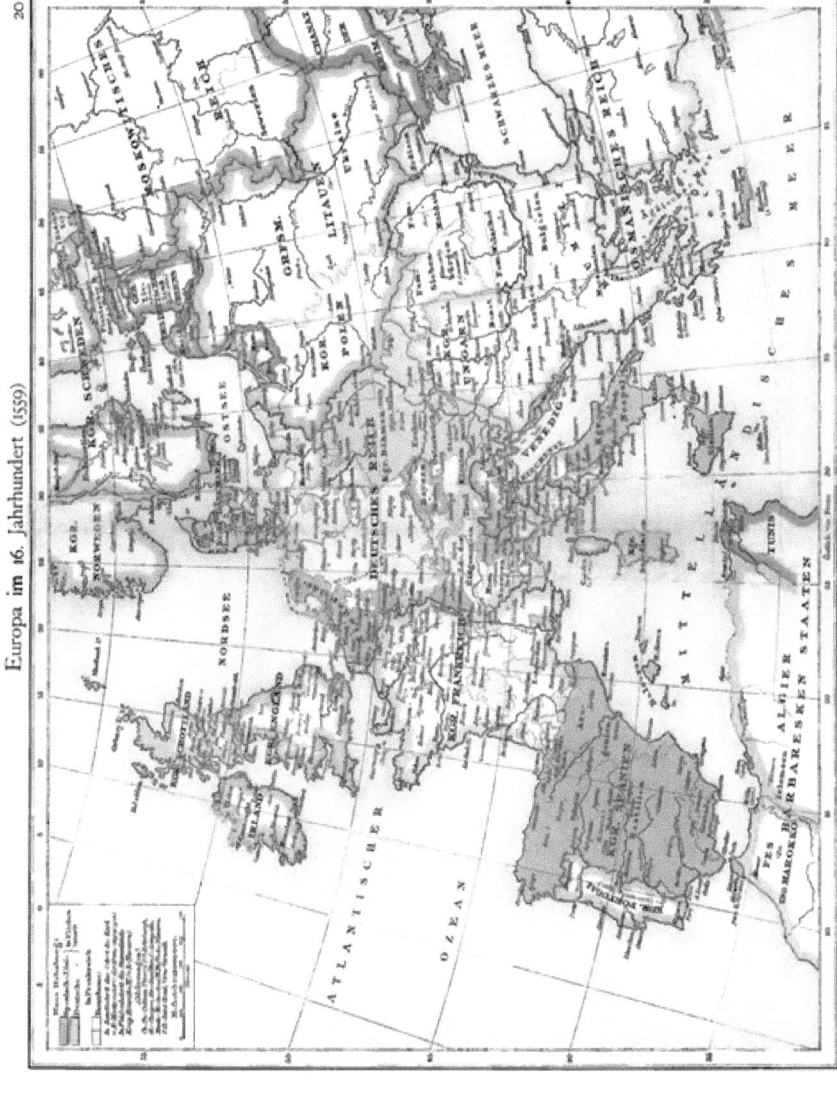

Europa im 16. Jahrhundert (1559)

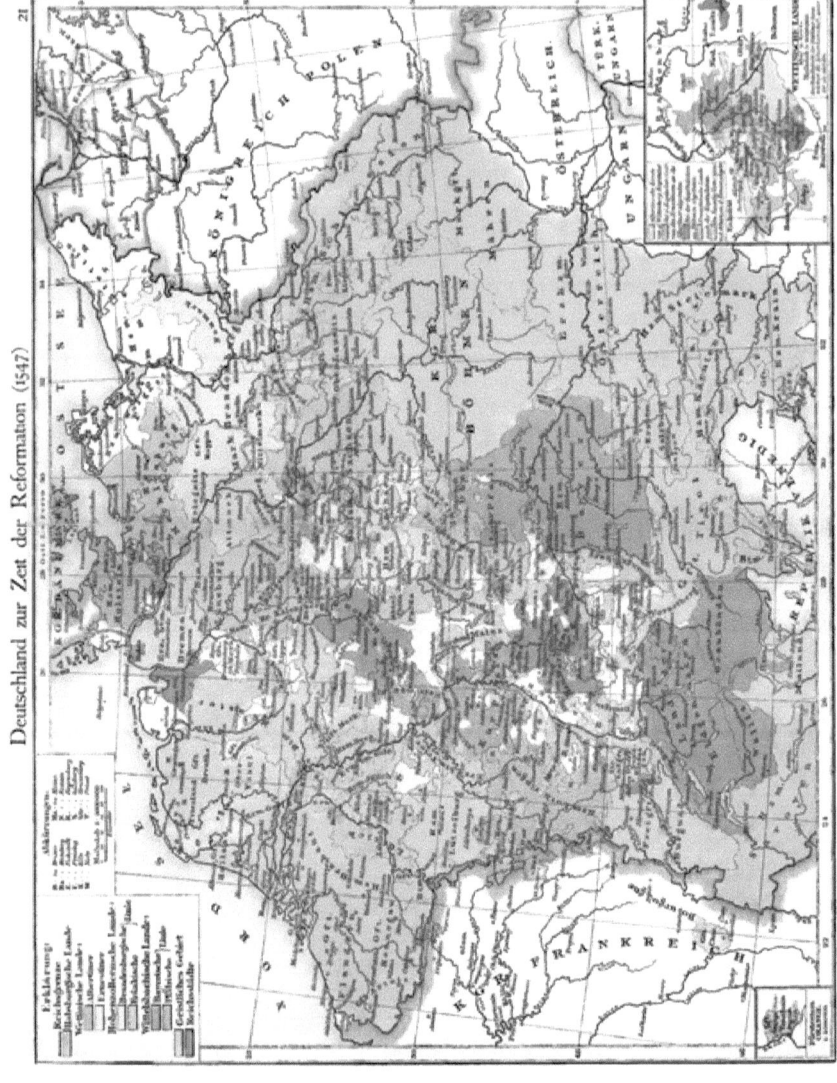

Deutschland zur Zeit der Reformation (1547)

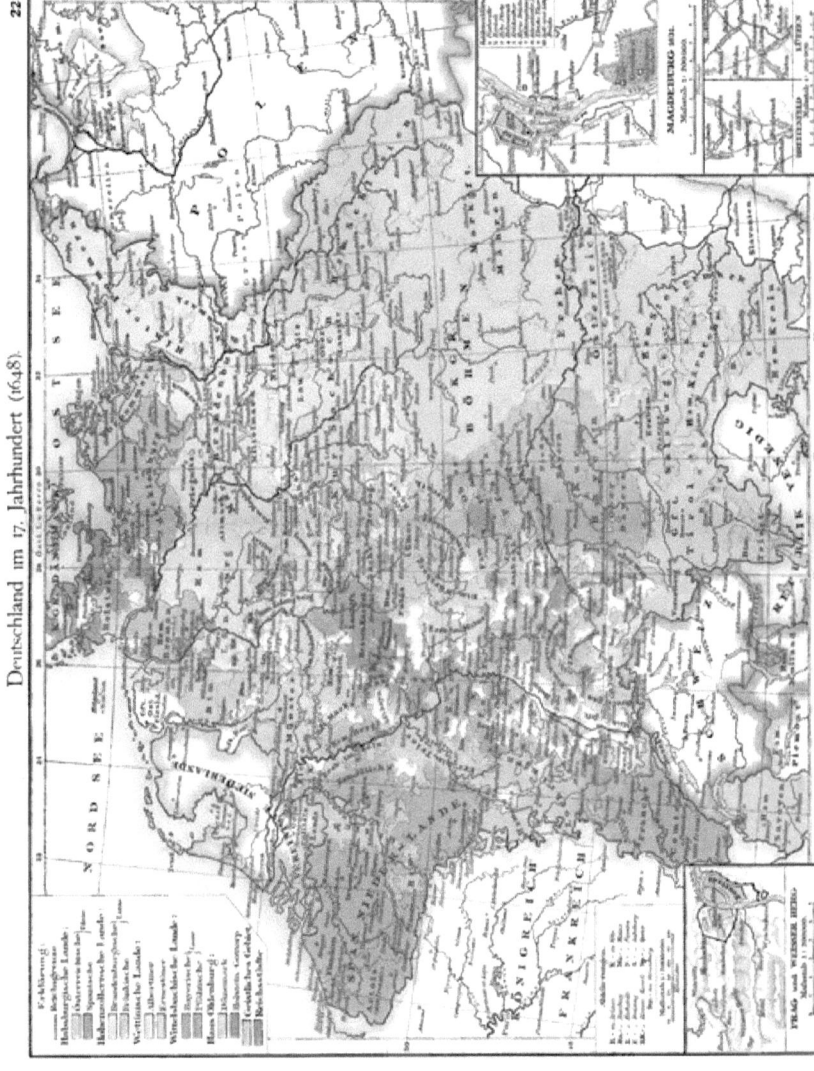

Deutschland im 17. Jahrhundert (1648).

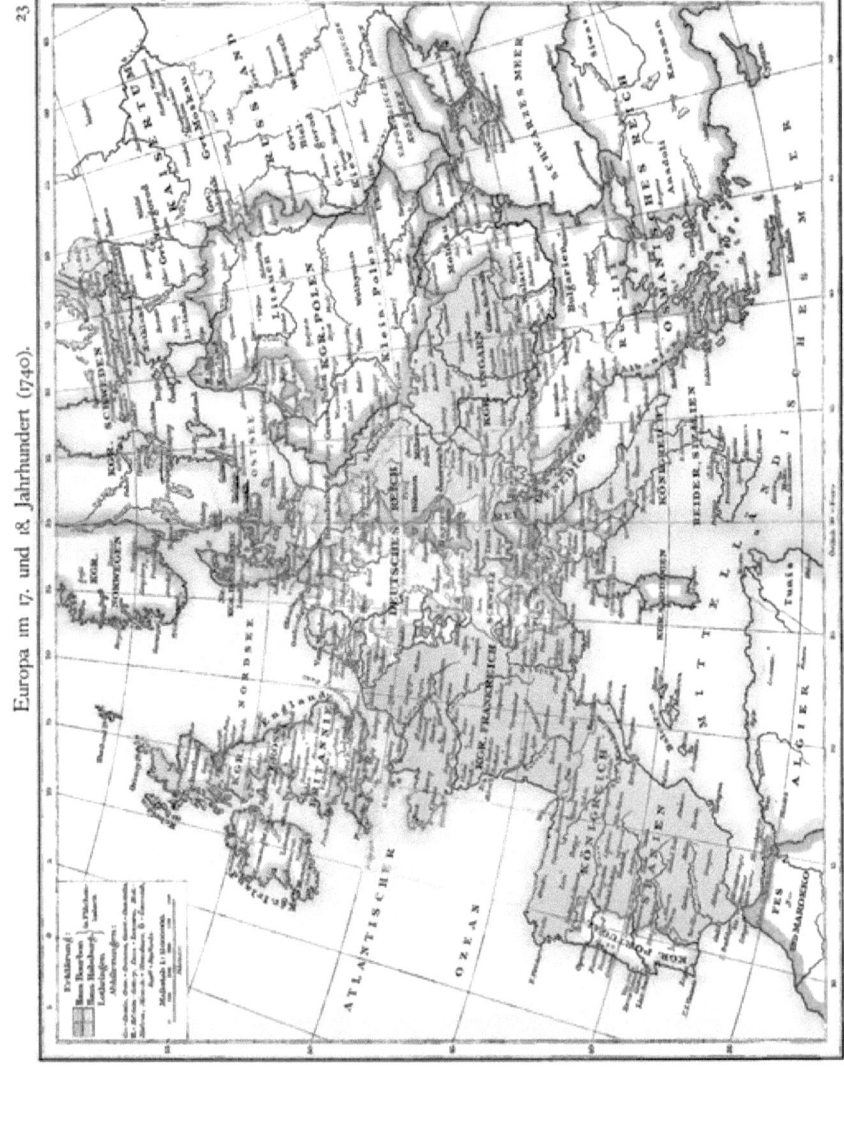

Europa im 17. und 18. Jahrhundert (1740).

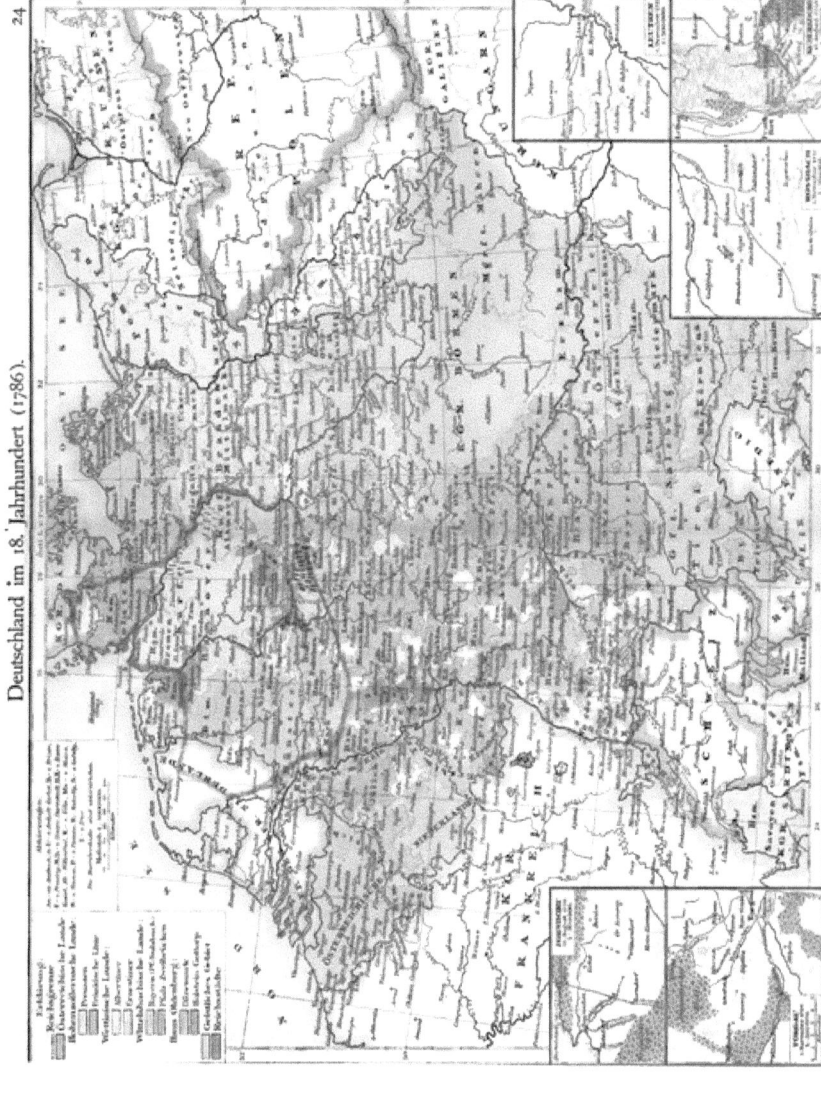

Deutschland im 18. Jahrhundert (1786).

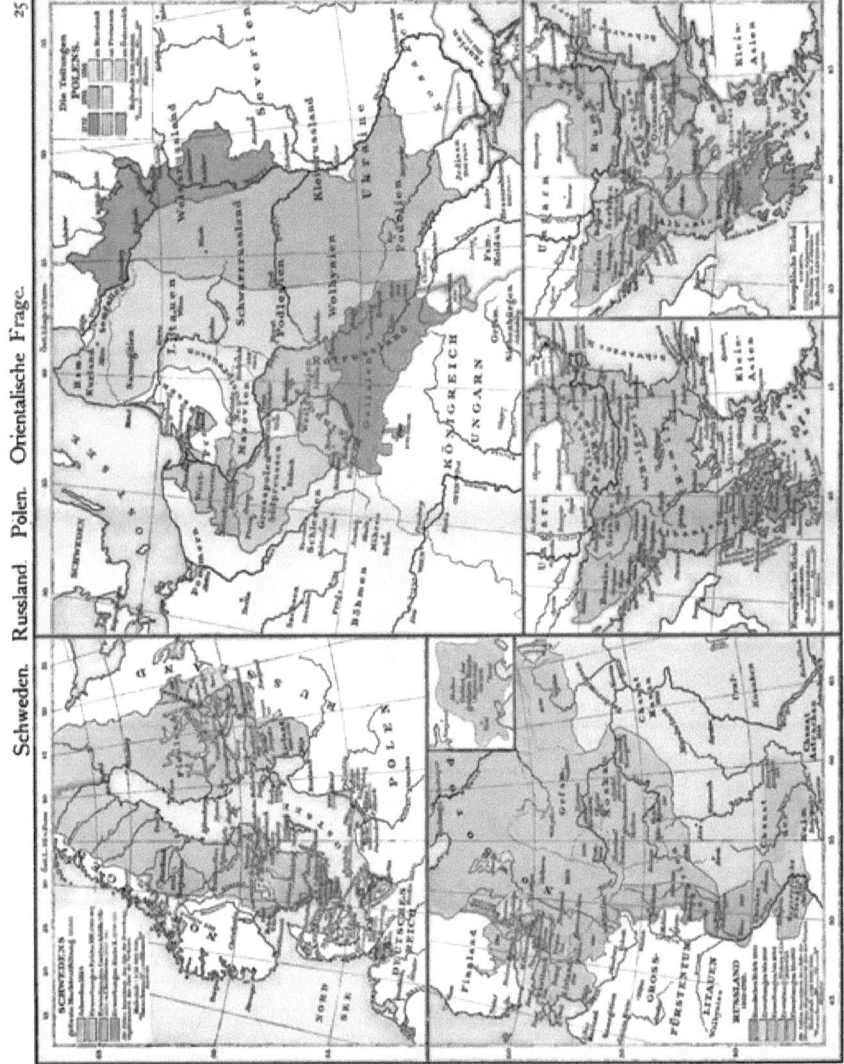

25. Schweden. Russland. Polen. Orientalische Frage.

Napoleonische Zeit. I.

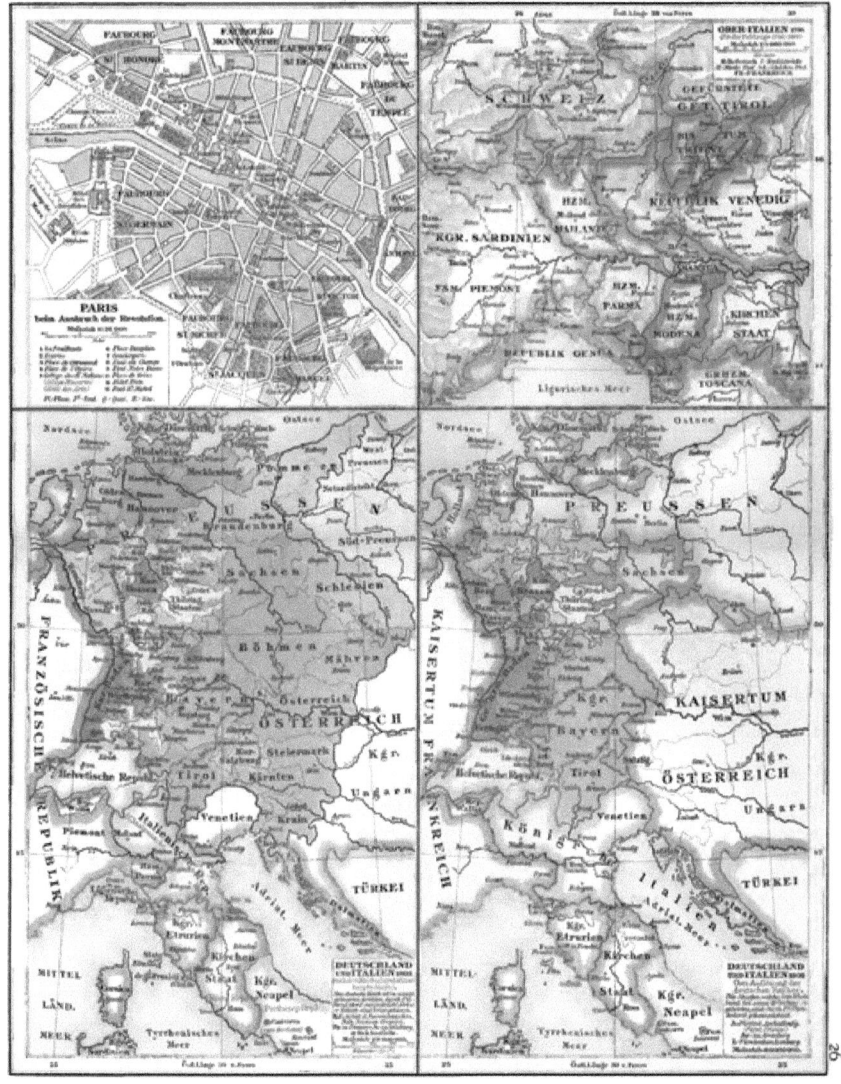

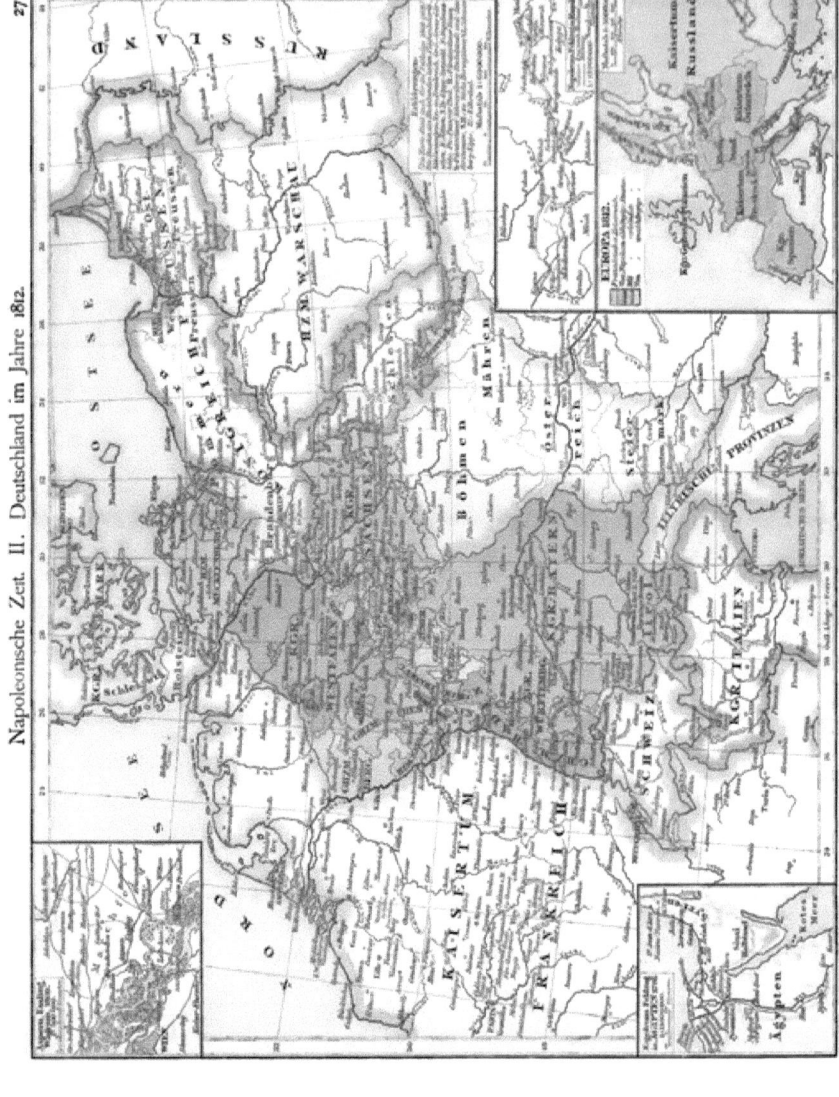

Napoleonsche Zeit. II. Deutschland im Jahre 1812.

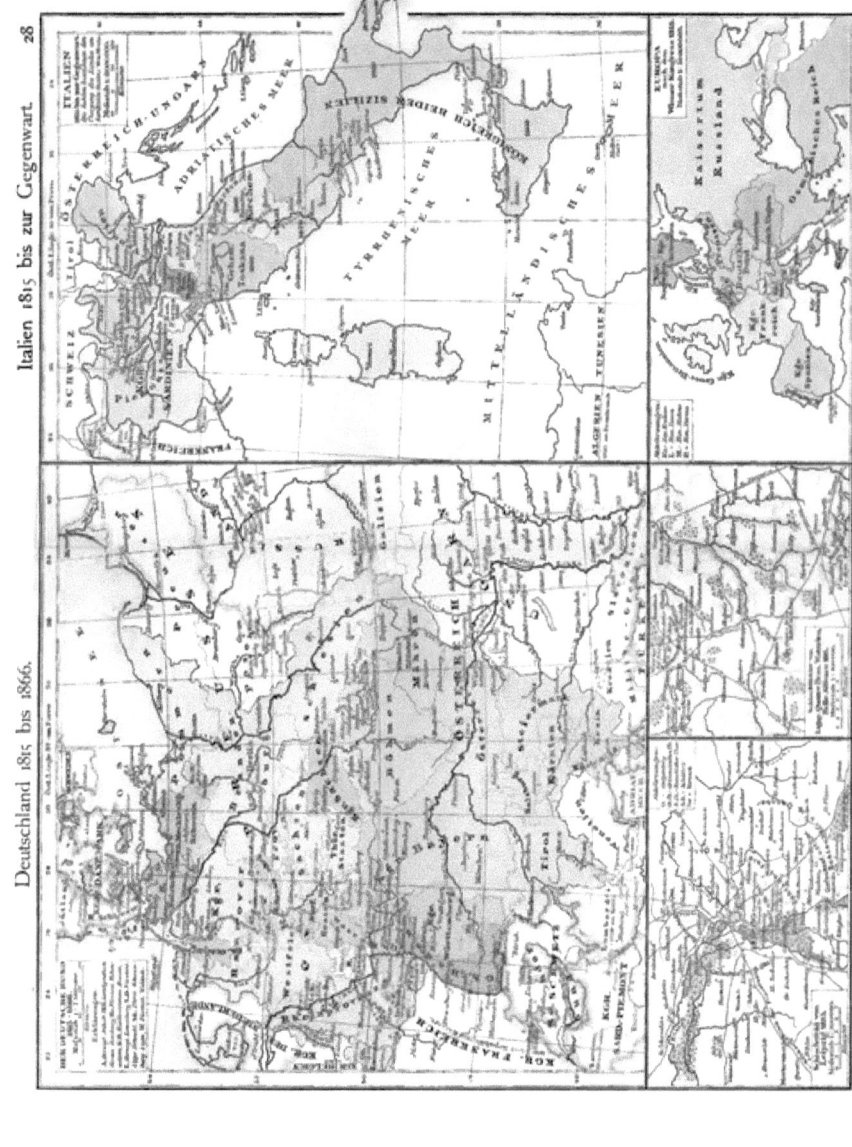

Karten zu den deutschen Einheitskriegen.

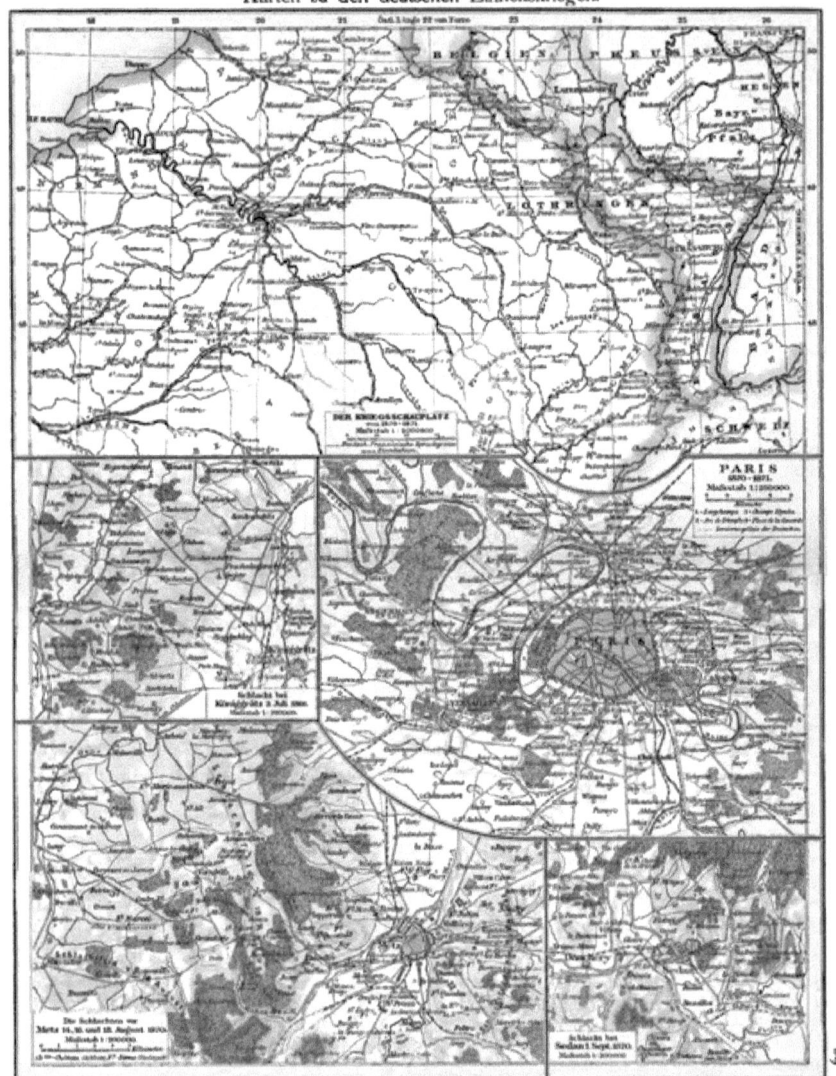

Entwickelung Preussens I.

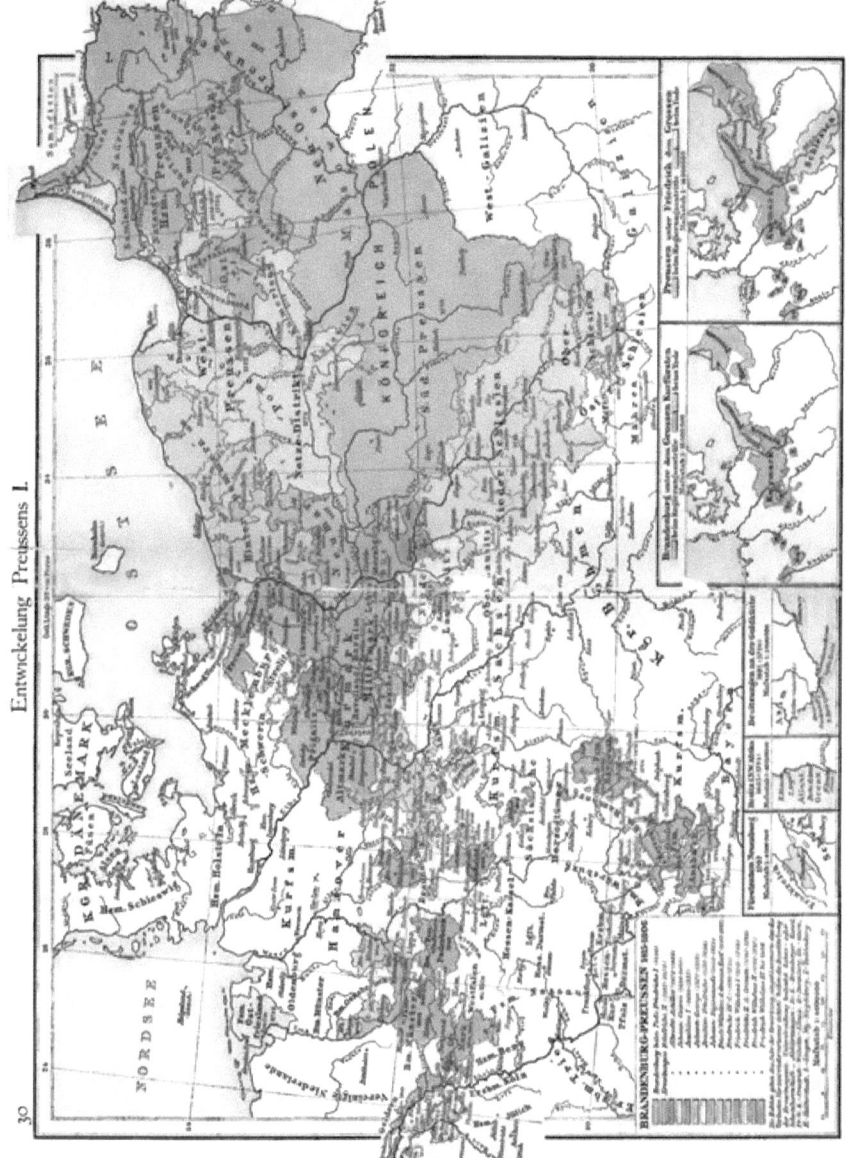

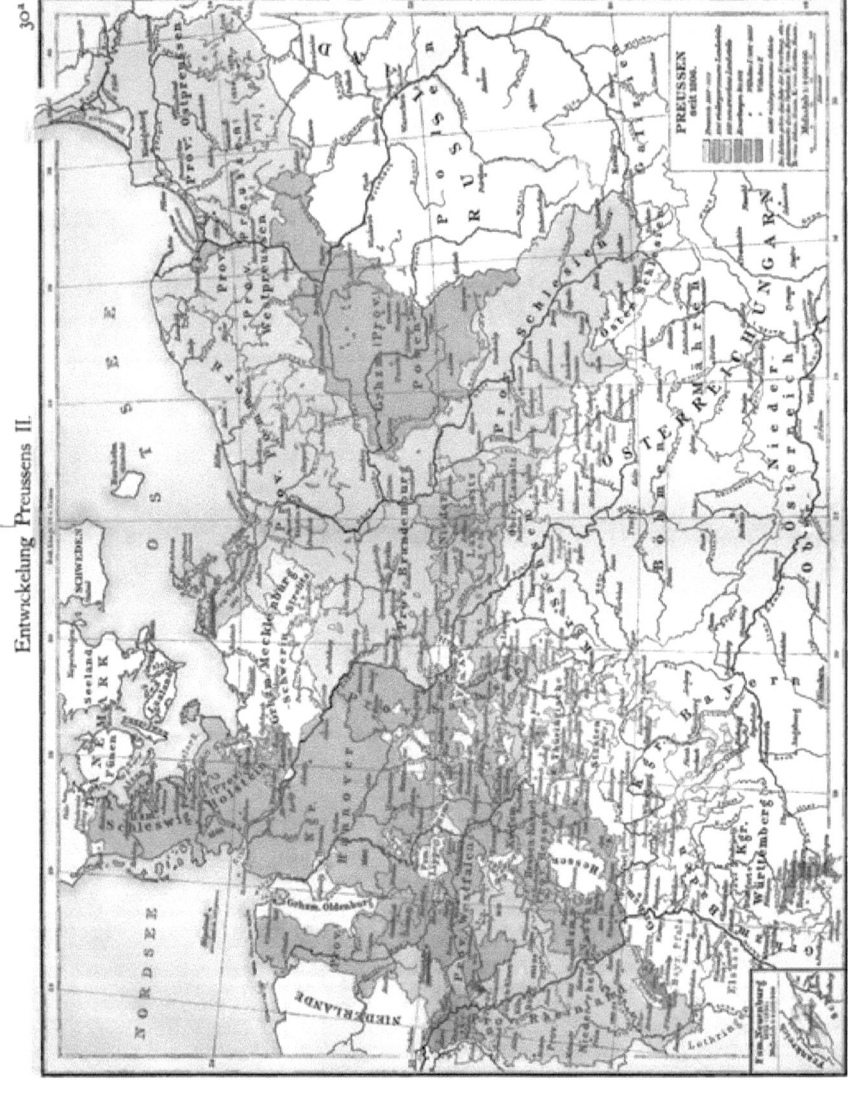

Entwickelung Preussens II.

Osmanisches Reich. Nordamerika.

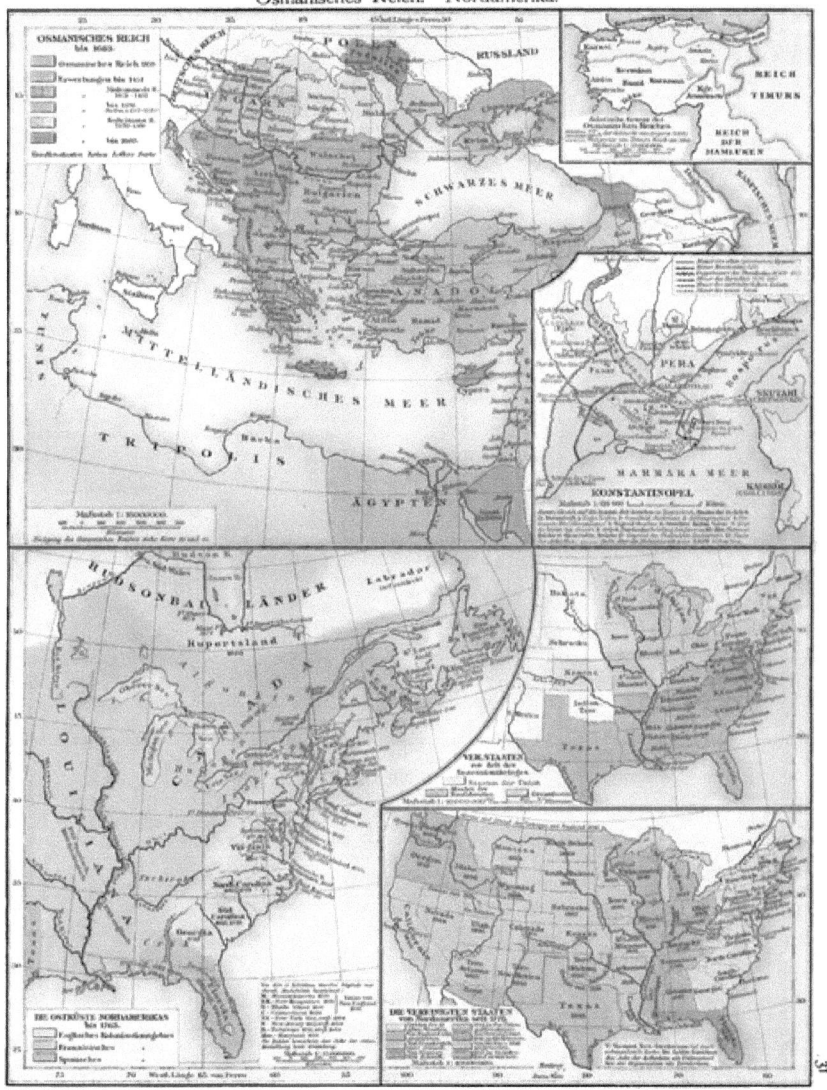

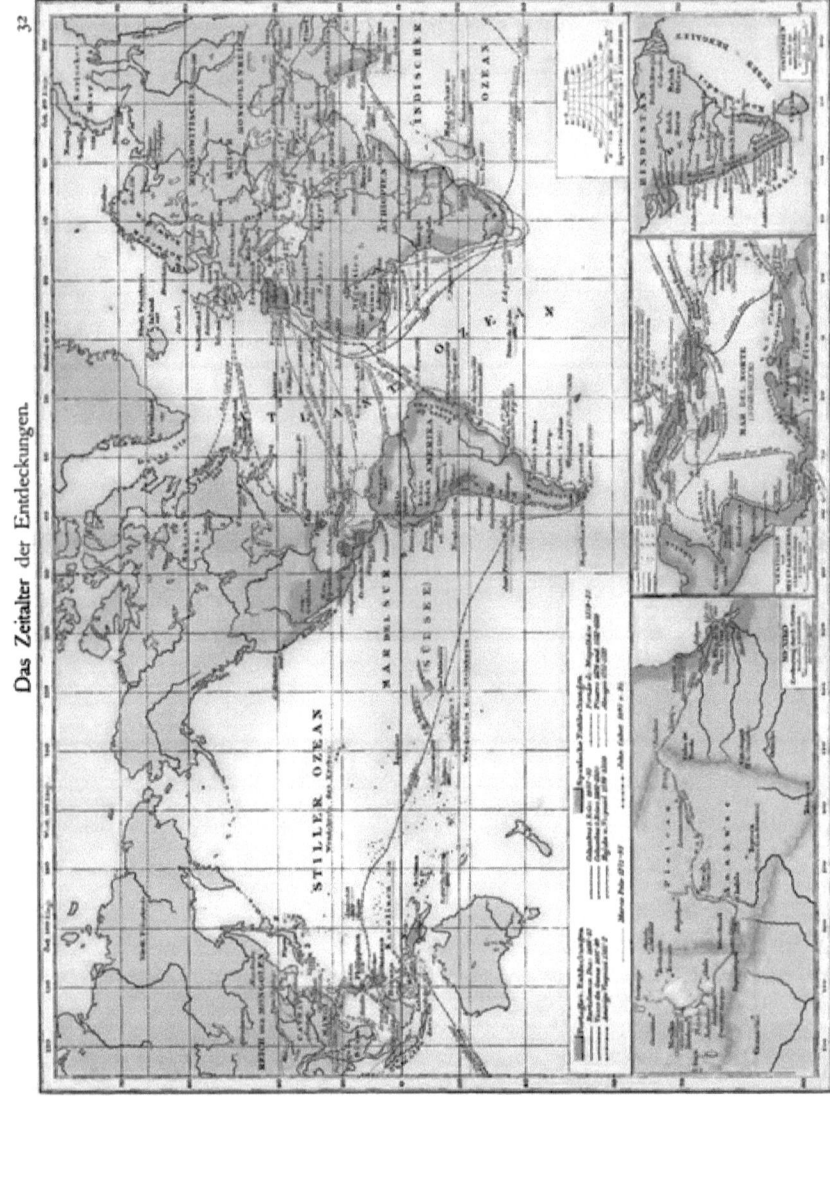

Das Zeitalter der Entdeckungen.

Bayern I: Bayern 1777

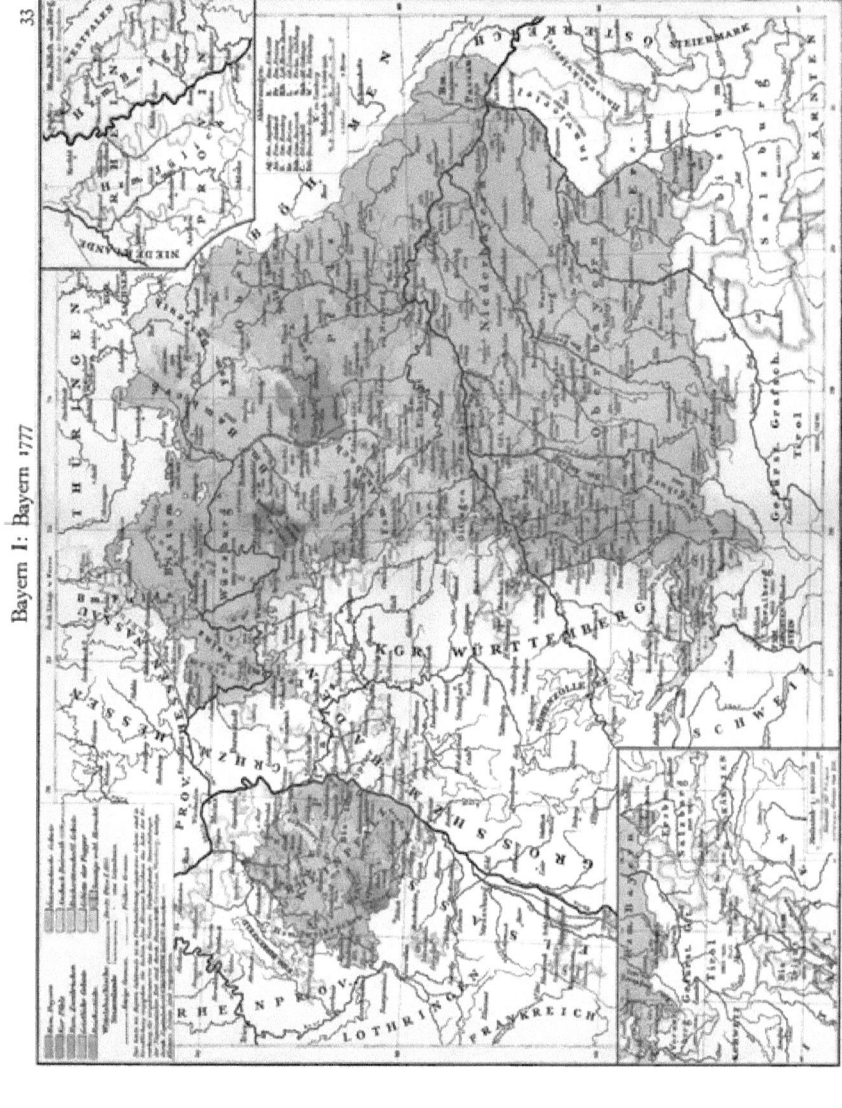

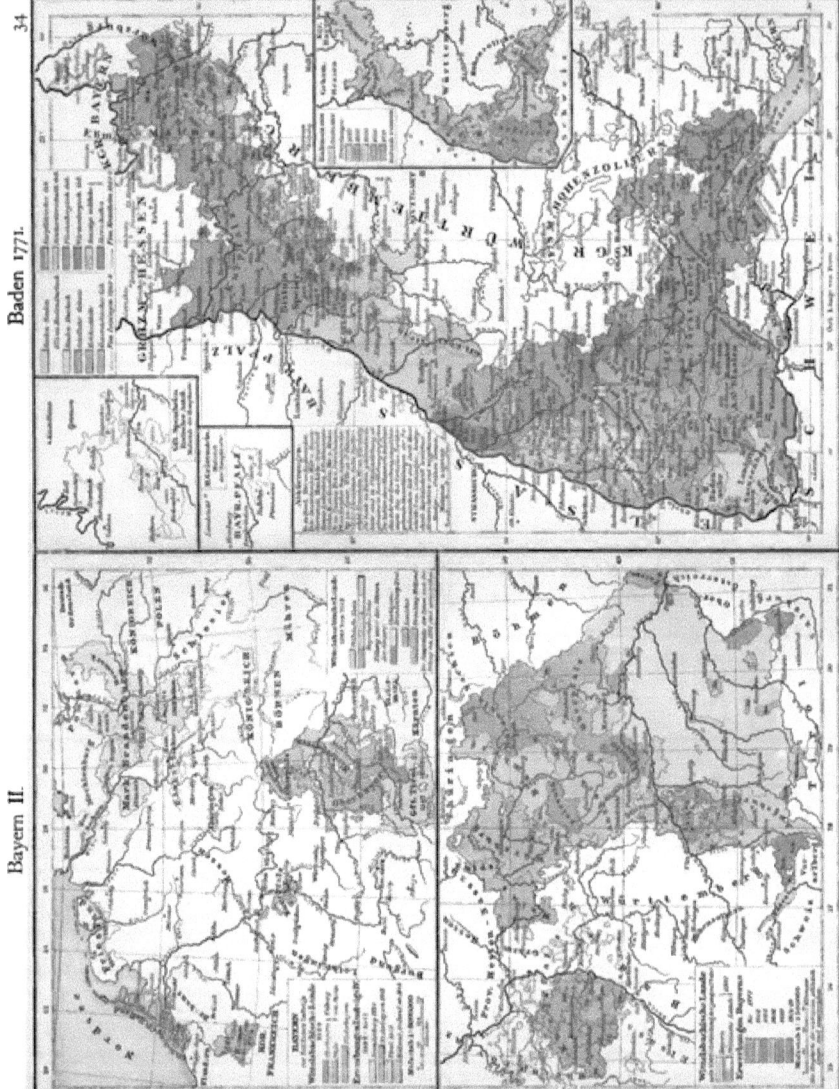

Württemberg 1789.

Wettinische Lande.

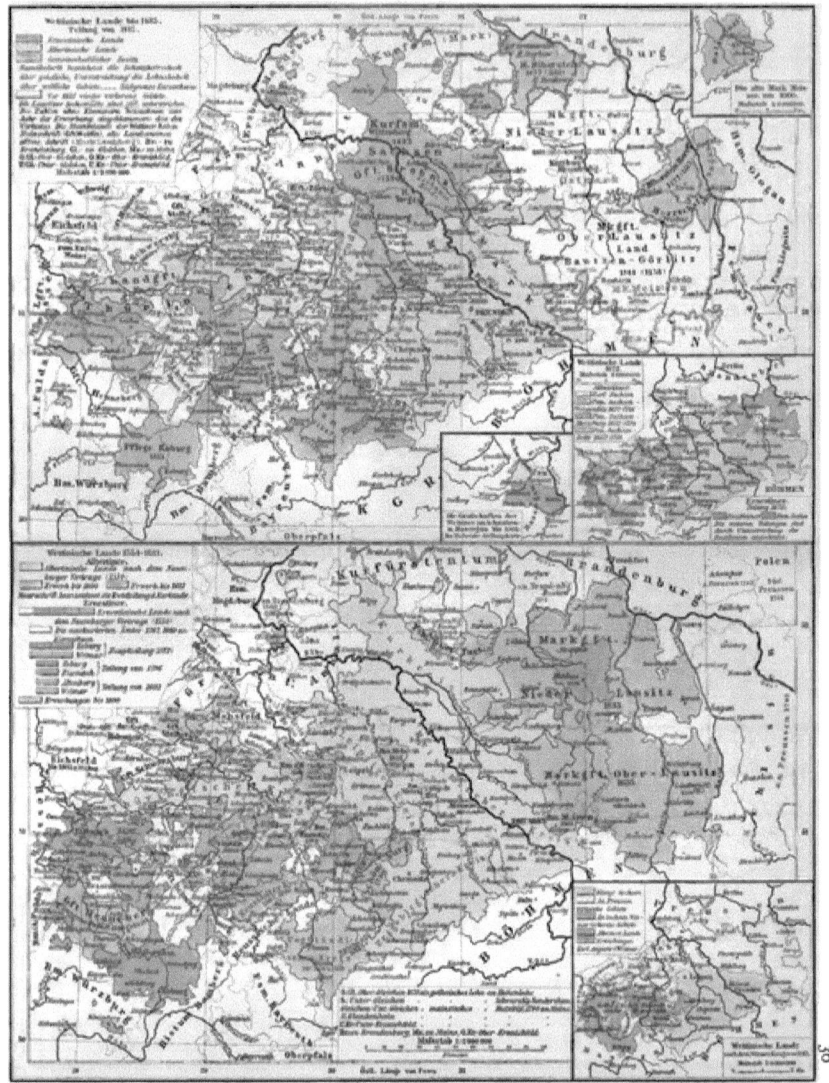

Nordwestdeutschland 1780.